LA CRISE

INDUSTRIELLE ET ARTISTIQUE

EN FRANCE ET EN EUROPE

PAR

MARIUS VACHON

*Chargé de missions du Gouvernement français pour l'étude
des industries d'art en Europe*

PARIS

A LA LIBRAIRIE ILLUSTRÉE

7, RUE DU CROISSANT, 7

1886

OUVRAGES DE M. MARIUS VACHON

L'ANCIEN HOTEL DE VILLE DE PARIS — Gr. in-4°, 200 gravures. — A. Quantin, éditeur. — Prix : 60 francs. — Ouvrage publié avec le concours du Conseil municipal de Paris.

L'ART FRANÇAIS PENDANT LA GUERRE DE 1870-1871 ET LA COMMUNE ; ouvrage auquel le prix Bordin a été décerné en 1880 par l'Académie des Beaux-Arts. — In-12, avec gravures. — A. Quantin, éditeur.

     1° La Cour des Comptes et le Conseil d'État ;

     2° La Bibliothèque du Louvre ;

     3° Le Château de Saint-Cloud ;

     4° Strasbourg ; ses bibliothèques et ses musées. Inventaire des incunables détruits.

LES PEINTRES ÉTRANGERS A L'EXPOSITION DE 1878. — In-18. — L. Baschet, éditeur.

PIERRE VANEAU ET LE MONUMENT DE JEAN SOBIESKI. — Grand in-4° avec gravures. — Charavay frères, éditeurs.

LES RUINES ARCHÉOLOGIQUES DE SANXAY. — In-4° avec gravures. — L. Baschet, éditeur.

NOS INDUSTRIES D'ART EN PÉRIL. — In-8°, 1882. L. Baschet, éditeur.

LA QUESTION DU MONT SAINT-MICHEL. — Brochure in-4° de 80 pages.

DELACROIX, SA VIE ET SON ŒUVRE — In-folio, 40 photogravures et nombreux dessins dans le texte. Dumas, éditeur. 1885.

JACQUES CALLOT, — In-8° avec gravures : librairie de L'Art, Rouam. 1885.

RAPPORTS DE MISSIONS A M. TURQUET, Sous-secrétaire d'État au ministère de l'Instruction publique et des Beaux-Arts, sur les musées et écoles d'art industriel et sur la situation des industries d'art en Allemagne, Autriche-Hongrie, Italie et Russie. — gr. in-4° de 140 pages, publié par le gouvernement. Novembre 1885.

Paraîtra en mars : LA RUSSIE AU SOLEIL ; impressions d'art et paysages moscovites.

IMPRIMERIE ÉMILE COLIN, A SAINT-GERMAIN

LA CRISE
INDUSTRIELLE

ET

ARTISTIQUE
EN FRANCE ET EN EUROPE

PAR

Marius VACHON

*Chargé de missions du gouvernement français pour l'étude
des industries d'art en Europe.*

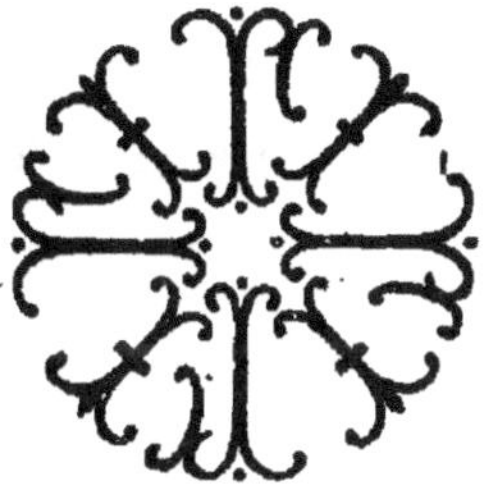

PARIS

A LA LIBRAIRIE ILLUSTRÉE

7, RUE DU CROISSANT, 7

LA CRISE

INDUSTRIELLE ET ARTISTIQUE

EN FRANCE ET EN EUROPE

CHAPITRE PREMIER

La crise, ses causes économiques et sociales; L'enquête officielle des 44 députés; Le rapport de M. Spuller; Les rapports de la Commission des valeurs de douane; La responsabilité du Parlement dans la crise.

La crise économique de la France ne peut être niée. La statistique, sur quelque point que portent ses travaux, le prouve avec trop de précision.

L'ensemble de notre commerce extérieur pendant l'année 1885 accuse une diminution de 175,071,000 francs, comparativement à l'année 1884.

Le rendement des impôts pour 1885 est en moins value de 37 millions par rapport aux évaluations budgétaires et de 5 millions comparé à celui de 1884 qui avait déjà été fort mauvais.

Les Chemins de fer en France ont vu en 1885 leurs recettes baisser de 36 millions et demi, comparativement à 1884 ; l'Assistance publique, autant que le Mont-de-piété, voit augmenter sa clientèle de misère.

L'année 1885 a donc aggravé la situation déplorable de 1884, dont les conséquences désastreuses ont si fort ému le Parlement et provoqué de sa part une enquête officielle (1). Cette enquête circonscrite à Paris

(1) En 1884, le tableau du commerce général de la France montrait une dépression de 991 millions sur 1883, et de 1.037 millions, soit 10 % sur la moyenne de la période quinquennale antérieure.

et dont le rapport rédigé par M. Spuller vient d'être publié, a fait constater, d'après les dépositions, l'existence de deux crises, une crise générale assez indécise touchant presque toutes les industries parisiennes, et une crise spéciale, très nettement déterminée et fort intense, la crise du bâtiment. Cette dernière frappait cruellement plus de 100,000 ouvriers et 7,000 patrons. Or, si l'axiome populaire : « quand le bâtiment va, tout va », n'a point perdu de sa valeur ; en présence d'une crise aussi profonde, toutes les autres industries ont dû être très atteintes. Le rapporteur de la Commission estime, en effet, que la crise du bâtiment a amené dans Paris une diminution d'affaires de 20 pour 100 environ, un renvoi d'ouvriers de 30 pour 100 et un chômage permanent de 12 pour 100.

Dans son dernier résumé général des rapports de la Commission permanente des valeurs de douane, qui constituent un tableau exact du commerce français, le président de la Commission, M. Teisserenc de Bort, déclare que l'année 1884 marquera dans l'histoire du travail français comme une de celles qui ont infligé à la production nationale les plus cruelles souffrances. Avec la diminution dans une proportion sensible du commerce extérieur, coïncidait en effet le resserrement de la consommation intérieure dans le pays.

Quelle est l'origine de cette crise ?

Les déposants de la Commission d'enquête la voient dans la surproduction industrielle, dans la concurrence étrangère, qui ont provoqué une dépréciation considérable de la valeur et amené ainsi la réduction des salaires et le chômage. Ce double phénomène est constaté également par les rapporteurs de la Commission des valeurs de douane.

L'analyse des causes et des conséquences de la surproduction et de la concurrence étrangère est du domaine des spéculations sociologiques; on pourrait discuter longuement et avec éloquence sur les unes et les autres, sans que le débat fasse avancer la question au point de vue positif. Ces phénomènes existent fatalement.

Il ne faut point songer à les faire disparaître; ce serait se briser contre des forces supérieures, inébranlables. Nous devons nous habituer à vivre de la vie générale, dans la liberté de la concurrence universelle, à lutter exclusivement, contre nos adversaires, par notre génie national, par notre activité incessante. Rien, barrières fictives, douanes, prohibitions, etc., ne nous protègera mieux dans cette bataille nouvelle où tous les peuples sont violemment aux prises, que notre énergie, notre courage et la volonté violente

d'être vainqueurs. La concurrence universelle, c'est l'émulation incessante, c'est le
progrès continu, c'est la marche rapide en
avant, où il y a, pour ceux qui marchent en
tête, de la place, de la lumière et du soleil.
L'esprit d'entreprise et d'innovation, l'intelligence humaine ne peuvent se développer
que dans la liberté.

Notre commerce, notre industrie souffrent;
nous nous sentons oppressés, étouffés, écra-
sés: c'est que nous avons indolemment laissé
monter auprès de nous les concurrents.
Nous nous sommes endormis sur nos vieux
lauriers; nous avons fait de notre pays une
sorte de palais de la Belle au Bois-Dormant.
Aujourd'hui nous nous réveillons; mais
tout est vieilli autour de nous; notre outillage
n'est plus à la hauteur des découvertes contemporaines, nos procédés de travail, nos
méthodes de commerce sont surannés. Et

que les endormis, les retardataires ne nous contredisent point. Suivant la définition du philosophe antique, le mouvement se prouve en marchant ; or nous ne marchons point, alors que nos adversaires semblent avoir chaussé des bottes de sept lieues. De 1872 à 1882, l'Allemagne a progressé comme commerce d'exportation de 2 milliards de marks à 3 ; l'Autriche de 387 millions de florins à 781 ; les États-Unis de 428 millions de dollars à 733 millions ; la Russie de 327 millions de roubles à 506 ; la Belgique de 1,051 millions de francs à 1,325 ; les Pays-Bas de 465 florins à 748 ; le Danemark de 146 couronnes à 183 ; la Suède de 199 à 221 ; la Norwège de 104 à 122. L'Italie a gagné plus de 50 millions jusqu'à ce jour. La France est tombée en perte, l'Angleterre également.

On dit que la crise dont nous ressentons

les atteintes terribles n'a rien de particulier à notre pays (1), que c'est un mal général qui frappe les produits du travail dans toutes les parties du monde devenues solidaires par l'effet du bon marché et de la rapidité des transports sur terre et sur mer. Ce peut être là un argument de consolation philosophique; mais la certitude que tout le monde est malade ne saurait suffire pour amener sa propre guérison. Quoi qu'il en soit, cette consolation est indigne de nous; nous devons énergiquement la repousser. Est-il en effet plus utile, plus patriotique de se dissimuler la gravité de notre crise, de la nier publiquement, que de l'étudier avec soin, d'en rechercher les causes et de proposer loyalement les réformes qui paraissent propres à l'atténuer et à la faire disparaître.

(1) Rapport du président de la Commission des valeurs de douane, 1885.

Nous ne sommes point moribonds, Dieu merci; la constatation sincère de notre mal ne peut ni nous affoler, ni nous décourager. Il y a en France, en dépit de l'opinion de nos ennemis, assez de vitalité pour que nous réagissions vigoureusement et avec éclat, que nous regagnions rapidement notre haut rang. Gardons-nous autant des optimistes que des pessimistes; ils sont les pires empiriques que nous puissions redouter. Sachons voir nettement où est le mal, quelle est son origine, son étendue; et apprécions avec précision la situation de nos adversaires.

La première préoccupation dans une guerre est de connaître l'effectif des troupes de l'ennemi, leurs approvisionnements, leur état moral et physique. Le commerce n'est-il point aujourd'hui une véritable guerre, aussi grandiose, aussi meurtrière que l'autre, qui

1.

se fait non moins scientifiquement, vers la préparation de laquelle on fait converger toutes les forces vives de la nation, qui absorbe le génie de ses hommes d'État, qui inspire toutes leurs pensées, tous leurs actes. La guerre elle-même est devenue un des moyens d'expansion du commerce; on ne se bat guère plus, en ce quart de siècle, pour des idées, pour la politique, pour la religion; on livre des batailles, on tente des conquêtes, pour vendre aux vaincus des ballots de marchandises, pour leur imposer des traités de commerce.

Les causes de notre crise doivent être classées en deux catégories : causes économiques et causes sociales.

Les causes économiques sont nombreuses : les impôts variés et multiples qui pèsent lourdement sur le producteur et sur le consommateur ; les tarifs de transport de chemins de fer et de bateaux qui augmentent le prix des matières premières et des produits fabriqués ; les traités de commerce.

La Commission des valeurs de douane déclare énergiquement qu'il y a de sérieuses améliorations à apporter dans le régime des chemins de fer et dans les clauses des traités de commerce.

Le rapporteur de la Commission d'enquête parlementaire résume ainsi les dépositions sur ces points :

« Il n'y a pas lieu d'insister longuement sur les opinions en matière de tarifs douaniers exposés devant la Commission d'enquête. Il semble que deux courants y dominent. On se plaint d'un côté de l'abaissement de nos droits, de l'autre de l'accroissement des droits étrangers. Les renseignements apportés n'ont rien d'inédit. Ce sont des protestations déjà connues contre l'ordre des choses inaugurée en 1881 par le tarif général.

« A part les critiques générales formulées contre les tarifs, il faut noter deux aperçus très remarquables. On constate que nous faisons peser des droits trop forts sur les matières premières et que, par contre, la France est une des nations qui admettent au meilleur compte les produits fabriqués. A ce titre, il est bon que le Parlement soit éclairé. Il paraît évident que les pétitions adressées soit aux ministres, soit aux Chambres pour la transformation de l'impôt sur le papier, pour la sauvegarde du tarif sur les fers et les aciers, pour l'application d'un droit spécial à la bimbeloterie, correspondent pleinement avec des vœux dont l'enquête a dû reconnaître l'instance. »

Les causes sociales sont très complexes. de diverses natures; elles jouent dans la crise actuelle un rôle peut-être plus considérable que les causes économiques. « La crise est en partie sociale », disait devant la Commission d'enquête M. Tolain, dont l'autorité en ces questions est indiscutable et incontestée. Notre organisation sociale et industrielle met l'ouvrier français, en comparaison avec les ouvriers des grandes nations productives, dans un état d'infériorité matérielle qui annule ou tout au moins diminue ses qualités natives, l'intelligence, l'énergie, l'activité et l'amour du travail (1). Les dépositions de la Commission d'enquête devant laquelle ont comparu soixante-sept délégués officiels de Chambres syndicales, de groupes corporatifs, d'associations ouvrières de production,

(1) Impressions d'une délégation ouvrière lyonnaise à Créfeld en 1883 : « *La concurrence redoutable que nous fait Créfeld ne provient pas de la main-d'œuvre à bon marché, mais bien d'une meilleure application des principes économiques du commerce et de l'industrie.* » Ce témoignage est précieux.

sont à ce propos du plus haut intérêt.

La production, y est-il dit, se trouve représentée en raison directe de l'accroissement des salaires et de l'économie des forces. Or, d'après les chiffres de la statistique la plus sévère, ce sont les nations où les ouvriers travaillent le moins grand nombre d'heures et où ils reçoivent les plus forts salaires qui sont nos concurrents les plus redoutables, non seulement sur le marché français, mais encore sur le marché de nos colonies et des pays étrangers. Les ouvriers d'Amsterdam travaillent en moyenne onze heures et demie par jour, ceux de Paris onze heures, ceux du Massachussets et de Londres, 9 heures. Le salaire moyen pour une heure de travail, est, à Amsterdam, de 0 fr. 38; à Paris, de 0 fr. 52; à Londres, de 0 fr. 85; dans le Massachussets, de 1 fr. 15... En tenant compte du prix des vivres, et prenant pour base le taux des salaires à Amsterdam, on trouve que les salaires sont plus élevés : à Paris, de 20 pour 100; dans le Massachussets, de 173 pour 100 et à Londres, de 118 pour 100 (1).

A Paris, la valeur totale annuelle de la production donnée par la Chambre de commerce était, d'après le dernier recensement, de trois milliards 369,092,942 francs : c'est le quart de la production industrielle de la France. Ces 3 milliards 369,092,942 ont été produits par 550,280 ouvriers, ce qui donne pour chaque travailleur une production moyenne de 6,123 francs.

Aux État-Unis, en 1882, l'ensemble de la production a été de 27,922,000,000 de francs, et le nombre d'ouvriers de 2,738,930. Ce qui donne, pour la moyenne annuelle

(1) Déposition de M. Delahays, délégué des mécaniciens.

par travailleur, 10,194 francs pour chaque travailleur américain (1).

Chaque travailleur, à Paris, ne produit donc que la moitié de ce que produit l'ouvrier aux États-Unis, et cela dans les conditions les plus déplorables pour l'ouvrier parisien comme pour l'industrie nationale.

La prolongation excessive du temps de travail fait qu'il nous est impossible de travailler avec une intensité égale à celle des ouvriers anglais ou américains, qui ne travaillent que neuf heures par jour.

En produisant trois fois plus dans l'industrie de la mécanique, les ouvriers du Massachussets gagnent par heure 1 fr. 28 en moyenne, tandis qu'à Paris le salaire n'est que de 58 centimes et de 65 centimes; c'est-à-dire que le salaire est deux fois plus élevé

______

(1) Chiffres extraits du rapport de M. Spuller.

dans le Massachussets qu'à Paris, et enfin les bénéfices y sont néanmoins trois fois plus élevés que chez nous.

Donc, en dépit de ce qu'on écrit souvent, les salaires à l'étranger ne sont point, relativement, moins élevés que les salaires français et la concurrence sur ce point n'a pas un caractère rigoureux de péril. Il y a des pays qui nous font concurrence et où les salaires sont beaucoup plus élevés (1), notamment les salaires anglais et américains.

Les ouvriers français ont presque toujours été payés au maximum de la journée en Angleterre (2).

L'habileté de nos fabricants et de nos ouvriers en matière de velours et de soieries compense l'élévation de la main-d'œuvre. Aux États-Unis, où les salaires sont plus

(1) Déposition de M. Tolain.
(2) Déposition de M. Joffrin.

élevés, la main-d'œuvre est moins chère. Chez nous, l'ouvrier est une machine intelligente, aux États-Unis il est le directeur intelligent d'une machine (1). Dans les centres allemands de production de la soierie, à Créfeld notamment, le salaire journalier n'est pas sensiblement plus élevé qu'à Lyon ; mais il n'y a pas de chômage (2).

La spécialisation du travail a pris dans notre pays des allures déréglées et a compromis gravement la perfection de la main-d'œuvre et l'habileté professionnelle. L'instruction technique et l'instruction générale de l'ouvrier sont devenues insuffisantes. L'apprentissage subit une crise grave dont la solution urgente est dans l'organisation de l'enseignement technique professionnel ;

(1) Déposition de M. Pierson, président de la Chambre syndicale d'exportation.

(2) Rapport de la délégation ouvrière lyonnaise à l'exposition d'Amsterdam.

toutes les dépositions de la Commission d'enquête parlementaire, toutes celles de l'enquête officielle sur la situation des industries d'art en France, ont été unanimes dans cette constatation et dans ce vœu.

Si des ouvriers nous passons aux patrons, on peut aisément trouver dans l'inertie professionnelle d'un certain nombre, dans leurs hésitations à modifier l'outillage industriel, des causes à la crise nationale. Partout où les chefs d'industrie ont hardiment résolu de mettre leurs usines au niveau des découvertes nouvelles de la mécanique, d'organiser scientifiquement leur production, la lutte contre l'étranger est aisée, en dépit des conditions économiques qui nous sont particulières. Roubaix, Tourcoing, Lille en sont la preuve indiscutable. En ce moment, Lyon ne subit-il point une crise ouvrière très grave, en raison du maintien de l'ancien système des petits ateliers de famille, du métier à la main? Dans les rapports des délégués ouvriers aux expositions internationales, j'ai trouvé de fréquentes doléances sur l'inexpérience sociale autant que professionnelle des patrons. « Nous émettons le vœu, disent-ils, que nos grands industriels, à l'exemple des Anglais, habituent dès la jeunesse leurs enfants à la vie de l'atelier. Ils apprendront tous les secrets professionnels du métier, en connaîtront les misères et les difficultés. Tout le monde y gagnera, y compris l'industrie. »

Notre organisme commercial actuel ne répond plus à la situation nouvelle créée par la révolution économique, industrielle et sociale qui s'est produite dans le monde entier. L'éducation nationale est à refaire de fond en comble à ce point de vue, pour qu'elle puisse former des jeunes gens aptes au commerce, par la connaissance des langues étrangères, de la géographie commerciale et industrielle des nations, par l'amour des voyages.

Le gouvernement et les Chambres n'ont point donné dans l'État, dans les délibérations parlementaires, aux questions commerciales et industrielles, la place qu'elles y doivent occuper. La politique prime trop les affaires. Nous ne devons jamais oublier que M. de Bismarck est ministre du commerce d'Allemagne. Et il est, pour cette raison, profondément attristant de voir des journaux sérieux, tenir pour une sorte de déchéance politique l'entrée au ministère du commerce d'un député élu le premier à Paris. Le contraire serait plus logique, car Paris résume le tiers de la production industrielle de la France et son premier député représente près de 600,000 ouvriers.

Aux causes sociales que je viens d'analyser, il faut ajouter les causes morales.

Depuis quelques années le jeu public, sous toutes ses formes, s'est développé avec une intensité effroyable. Les courses de chevaux se sont multipliées au point que du 1er janvier à la saint Sylvestre il n'y a plus pour les bookmakers un jour de chômage. Autrefois l'ouvrier, l'employé de commerce, le petit commerçant s'en allaient le dimanche courir les bois des environs de Paris; ils y emplissaient pour toute la semaine leurs yeux de soleil, leurs poumons d'air pur et leur imagination de frais et plaisants souvenirs. Aujourd'hui, il vont aux courses et ils y jouent. Le dimanche et les jours de fête, les immenses breaks qui transportent les joueurs à Longchamps, à Auteuil ou à Vincennes partent aussi bondés des quartiers ouvriers que des grands boulevards; et sur la pelouse à deux francs d'entrée les bookmakers ne font pas moins d'affaires qu'au pesage dont l'accession coûte un louis. Depuis trois ans, le nombre des habitués des courses a augmenté de près de moitié.

Les loteries font autant de mal que les courses, sinon plus; car le billet de loterie pénètre profondément dans la classe ouvrière par la modicité de son prix et par l'appât des gros lots. Le gouvernement a encouru de ce chef une grande responsabilité morale en autorisant toutes ces loteries, dont le capital réuni a atteint un moment plus de 30 millions et qui, sous des affectations honorables, n'ont été en réalité le plus souvent que des spéculations financières qui ont enrichi les intermédiaires, les courtiers et n'ont rapporté que des sommes dérisoires et beaucoup de discrédit aux sociétés dites d'utilité publique en faveur desquelles elles avaient été lancées. Le scandale de ces loteries a été si grand que le public en a lui-même pris dégoût et que les dernières émissions ont échoué misérablement; mais le goût du jeu en est resté.

Le nombre des cercles où l'on joue a atteint un chiffre si élevé, et les catastrophes y ont été un moment si scandaleuses que M. Camescasse, préfet de police, a dû entreprendre contre ces lieux de malandrinage mondain une campagne énergique et en faire fermer plusieurs. Il n'est pas de semaine où le commissaire spécial des jeux à la préfecture de police ne découvre des tripots clandestins, même dans les quartiers ouvriers.

On joue à la Bourse. La pénurie des ressources a un peu restreint la spéculation; mais hier, quelle fièvre! Les kracks financiers, les déconfitures des sociétés de crédit véreuses ont entassé bien des ruines; leurs victimes se comptent par millions. La fortune morale du pays en a plus encore cruellement souffert que la fortune financière. Tout le monde a appris le chemin de ce palais où un coup de dé peut enrichir. Le travail patient et dur de l'atelier, de l'usine, la direction si lourde et si absorbante des entreprises industrielles, les fatigues et les dangers des expéditions commerciales lointaines, tout cela a paru fastidieux et inutile en présence de la facilité de gagner agréablement des millions en une journée, par une spéculation audacieuse. Et la France entière a joué à la Bourse; le paysan a retourné son bas de laine, l'ouvrier a cassé sa tirelire, l'employé a retiré son livret de Caisse d'épargne, le négociant et l'industriel ont vidé leurs coffres-forts. La crise commerciale et industrielle en est sortie. Aujourd'hui, on joue moins. Mais l'épargne n'est point revenue aux affaires sérieuses; elle se terre et attend.

Les capitalistes ne veulent faire que des opérations financières. La crise continue.

Causes économiques, causes sociales, causes morales : on voit que la crise est bien profonde.

CHAPITRE II

**Les nouvelles conditions du commerce extérieur ;
Critique par les consuls et par les chambres françaises de commerce à l'étranger du système actuel
des négociants français ; Les réformes qui incombent
à l'État ; Réorganisation du corps consulaire ; La
colonisation autrefois et aujourd'hui ; Les musées
commerciaux à l'étranger et en France.**

La rapidité des communications maritimes et terrestres, l'extension des relations internationales, la diffusion de la concurrence
ont créé au commerce des conditions nouvelles qui en ont modifié radicalement l'organisme et le fonctionnement. En posses-
sion d'un monopole, maître d'un marché,

un négociant pouvait jadis imposer aux consommateurs ses produits dans la forme et de
la façon qui lui convenaient; on accourait à
lui. Aujourd'hui, il n'y a plus de monopole,
et la situation du consommateur vis-à-vis du
producteur est renversée. C'est celui-ci qui
va à celui-là, et le producteur se trouve, à
ce moment, en concurrence avec dix, vingt,
cent autres producteurs, proposant des marchandises analogues, avec toutes les séductions que peut imaginer l'esprit inventif
d'un homme forcé de conclure promptement une opération pour l'enlever à son
voisin. Les négociants français ne vivent-ils
point encore sur l'illusion du passé? On pourrait le craindre, à lire les critiques incessantes que contiennent à ce propos les rapports consulaires français et étrangers. Rien
ne vaut mieux, comme démonstration, que
citer des exemples :

Le consul de France à Berlin écrit :

« Les bas prix des produits d'exportation allemands ont fait supposer à bien des commerçants étrangers qu'il est impossible de faire concurrence aux Allemands sur leur propre marché. Si le commerce de notre pays ne se départit pas de la façon de faire qui vient d'être exposée, il y aurait peut-être lieu de changer d'opinion à ce sujet. Mais, on ne saurait jamais assez le répéter, ce n'est pas par des offres écrites ou des envois d'échantillons perdus qu'on peut entraîner des affaires dans ce pays. C'est en venant s'adresser directement au consommateur. C'est en venant prendre soi-même ses commandes. »

Du consul de France à Chypre, mêmes observations :

« Il est regrettable que nos fabricants ne suivent pas les exemples qui leur sont donnés par leurs concurrents étrangers, notamment par ceux d'Autriche et d'Allemagne, dont les commis voyageurs visitent l'Ile périodiquement et se créent ainsi des relations de plus en plus nombreuses, que des agents locaux, choisis avec soin, sont chargés d'entretenir.

« Il n'y a pas dans le pays de maisons de gros proprement dites pour les articles de fabrication européenne, qui sont tous importés par des négociants en demi-gros ou détaillants.

Ils profitent des visites qu'ils font à leurs clients pour se faire représenter les marchandises françaises qui se trouvent dans les magasins et ils sont le plus souvent en situation d'offrir des produits similaires, sinon comme valeur, au moins comme apparence, à des prix inférieurs aux nôtres et parfois aussi, des contrefaçons. »

Dans un rapport récent, le consul de France à Mandalay formule ainsi ses conseils aux négociants français, pour faire de l'importation utile et fructueuse en Birmanie.

« Pour lutter victorieusement contre tous les produits anglais et allemands, il faut que le commerce d'exportation constitue un large et puissant syndicat.

« Cette société aura pour but de rendre tangibles aux yeux des Orientaux les qualités et la supériorité de certains articles français.

« Ce n'est pas à coup de prospectus, et de brochures plus ou moins séduisantes, qu'on parlera à l'Asie. L'Oriental, généralement très pauvre et défiant, veut voir, juger et apprécier. Pour les convaincre, il faut autre chose que des raisonnements.

« Un employé français sera placé à la tête

de cette exposition permanente de nos produits représentés sous forme d'échantillons. C'est cet agent, instruit, intelligent et actif, qui sera chargé de faire remarquer et apprécier la supériorité des produits français, d'expliquer les avantages de durée; bref, de faire donner la préférence à l'article français par une suite de raisonnements sincères et tangibles, en fournissant des preuves à l'appui.

« Tel ou tel article sera accepté quand un homme intelligent en aura démontré les avantages. En Orient, en Asie surtout, il faut prouver par des faits; peu à peu, la camelotte sera jugée à sa juste valeur.

« L'agent du bazar-échantillon aura pour mission de renseigner les maisons qu'il représentera sur la nécessité de ramener tel ou tel article au niveau du prix des articles similaires vendus par les étrangers. Il enverra des échantillons, provenant des fabriques étrangères, répandus et acceptés sur la place, à l'effet d'instruire le fabricant français et lui permettre de faire aussi bien et à de meilleures conditions.

« Cet agent enverra à Paris des échantillons de produits inédits destinés à l'usage exotique et sur lesquels pourront méditer nos fabricants trop souvent victimes de la routine ou de l'ignorance.

« En résumé, pour réussir en Birmanie, il importe, avant tout, de bien se pénétrer des goûts, des mœurs, des institutions, de la religion, des préjugés et de la fortune des habitants. »

Le consul de France à Stuttgard analysant la situation commerciale dans son district et mettant en relief l'extension prise par le commerce d'exportation, en expose ainsi les causes.

« Ces succès sont dus, à coup sûr, en partie au bon marché des articles, mais aussi à l'activité qu'on déploie ici pour se créer des débouchés. Des sociétés, dont j'ai plusieurs fois entretenu le Département, aident par des efforts collectifs à la vente à l'étranger. Le commerçant, en outre, ne se borne pas, comme il arrive trop souvent chez nous, à envoyer des lettres ou même des circulaires aux consuls, en les priant de lui indiquer, chose toujours très délicate, des représentants ou des commissionnaires : il étudie le pays qu'il veut exploiter, se rend compte par lui-même, par ses voyageurs ou par des agents particuliers, de ses goûts, de ses besoins et de ses ressources. L'émigration aide certainement beaucoup à atteindre ce résultat; mais on ne saurait nier que les efforts faits ici pour augmenter les rapports avec l'étranger sont plus grands, plus sérieux et plus pratiques que chez nous. Ainsi que je l'ai déjà dit dans mon rapport de l'année dernière, si notre commerce voit délaisser ses produits, ce n'est pas seulement à cause de leurs prix généralement plus élevés, mais aussi à cause du peu de peine qu'il se donne pour se créer des débouchés et pour défendre ceux qu'il possède déjà. »

Réflexions d'un consul français au Paraguay :

« Quoique le commerce d'importation ne soit pas encore bien développé au Paraguay, on ne croit pas qu'il soit difficile d'y créer des débouchés pour nos produits, à la condition, toutefois, que notre commerce se fasse représenter à l'Assomption.

« ... On doit conseiller l'envoi d'un délégué intelligent et sérieux, rompu aux affaires et parlant bien l'espagnol. Cet agent, qui n'aurait aucune attache avec le Consulat, pourrait être rétribué par un ou plusieurs syndicats ; il devrait se mettre en rapport, avant son départ, avec des fabricants de diverses catégories (conserves et produits alimentaires, boissons, produits chimiques et pharmaceutiques, tissus de toutes sortes, confection, articles de Paris, chaussures, mercerie, quincaillerie, papeterie, objets et articles destinés à l'instruction, tels que livres espagnols, cartes géographiques, mappemondes, encre, plumes, etc.).

« Ce délégué devrait s'établir ici, y louer un local où il installerait une sorte d'exposition permanente de produits français, des dessins, des albums ; il devrait pouvoir fournir des renseignements sur les tarifs en gros et en détail, et se charger de prendre des commandes des commerçants paraguayens.

« La mise en pratique de cette idée n'est peut-être pas facile, mais si elle présente des difficultés, il n'est pas douteux que le résultat final en serait excellent, car on doit être persuadé que par ce moyen, on pourra augmenter considérablement notre importation. »

Je pourrais multiplier les extraits de ce genre. Les critiques de nos consuls portent sur bien d'autres points encore ; ils sont unanimes à déclarer que l'industrie étrangère progresse rapidement sur les marchés d'exportation parce qu'elle se préoccupe avec grand soin de conformer sa production aux usages et aux traditions des pays auxquels elle est destinée, de se plier aux exigences de la mode et non seulement d'exécuter, mais de prévenir les desiderata des importateurs et des consommateurs.

Voici ce que dit dans son dernier rapport le consul de France à Montevideo :

« Ce sont les tissus anglais et allemands qui dominent, car nos fabricants ne tiennent pas assez compte des avis qui leur sont donnés avec une insistance qu'inspire la perspective de notre diminution d'affaires, avis qui peuvent se résumer dans cette formule : « Il faut produire de la marchandise appropriée au marché auquel elle est destinée au lieu d'y envoyer l'excédent de la marchandise fabriquée pour la consommation locale. »

Du consul de France en Bulgarie, réflexions analogues :

« ... Pour lutter avec des chances de succès contre les produits étrangers, il faut que nos industriels se plient aux exigences des modes du pays et qu'ils fabriquent les étoffes, articles manufacturés, etc., etc., conformément aux demandes qui leur sont faites par les importateurs. »

La Chambre de commerce français de Rio-Janeiro, dans son rapport de 1885, formule avec une énergie éloquente ses doléances à ce sujet :

« L'autre avantage, dont nous sommes tous les jours les témoins et les dupes, est plus considérable que paraissent le penser les fabricants français qui ont moins que leurs concurrents d'Allemagne la connaissance des marchés d'outremer ; c'est celui-ci que la fabrication allemande, récente, cherchant à se parfaire et à se développer, se prête avec la plus grande facilité aux exigences spéciales à tel ou tel marché. On lui envoie *nos* articles comme modèles (et c'est ici que nous sommes les dupes) en lui indiquant les corrections devant augmenter l'apparence, assurer la commodité, d'accord avec les goûts et les usages du pays. Elle exécute ces copies, sans reculer devant travail et frais, en tenant tout le compte possible ou désirable des exigences manifestées.

« L'industrie française, trop confiante dans ses succès tout en les voyant menacés, ne veut pas, ou pas assez, se plier aux modifications qu'on lui signale. On dirait qu'elle peut se contenter de sa propre consommation et de celle des pays européens qui ont peu d'industrie; elle ne donne pas assez d'application aux opérations qu'elle a tant d'intérêt à maintenir, et qu'elle pourrait même développer au delà des mers. »

La Chambre de commerce français de Mexico n'est pas moins nettement explicite :

« En résumé, l'imitation des articles, les prix, la complaisance des fabricants pour changer les types et modèles de différents articles, et la prompte remise des marchandises par les vapeurs, ont fait et feront perdre à notre industrie française la consommation d'une partie de ses produits, jusqu'au moment où les fabricants français se décideront sérieusement à changer de système et à se mettre à la hauteur de la situation. »

Le consul de France à Victoria résume ainsi les conditions d'exportation des produits français en Chine :

« Les tissus de laine sont tirés d'Angleterre et d'Allemagne. Les rares pièces de nouveautés françaises qui sont consommées sur les concessions européennes dans les ports ouverts, sont importées avec l'article similaire anglais par coupes de vingt mètres environ, la clientèle étant à la fois restreinte et très exigeante pour l'assortiment; elles ne figurent pas dans la nomenclature des articles préparés spécialement pour le marché chinois. Ceux-ci sont presque toujours unis. Il faut que les étoffes offertes à l'acheteur chinois soient conformes aux usages et aux traditions qui règlent la longueur et la largeur des pièces, et jusqu'à la nuance des différents articles du vêtement et de la literie, des tentures et ornements de pagode, etc.

« Cette attention *aux rites* est, dit-on, indispensable pour le succès d'une tentative d'importation en Chine ; le bon marché est une autre condition *sine qua non*. »

On voit combien les conditions du commerce extérieur et par suite celles de l'industrie nationale se sont modifiées ; combien elles impliquent des connaissances variées, une grande souplesse d'esprit, de la fécondité dans l'invention des moyens d'action et de propagande. Le négociant actuel doit être industriel, artiste, géographe, ethnologue, polyglotte, voyageur ; il doit se tenir constamment au courant de la politique, de l'évolution des mœurs, des événements de chaque pays avec la vigilance et la perspicacité d'un homme d'État, d'un économiste et d'un rédacteur de journal.

Le mouvement économique de l'univers est aujourd'hui immense : à chaque instant, ici ou là, il se conclut des traités de commerce, il se fait des annexions de territoire, des conquêtes et des achats de colonies ; il se construit de nouveaux réseaux de chemins de fer, il se fonde des sociétés de navigation. Tout cela change, bouleverse l'organisme commercial, révolutionne une branche d'industrie et de négoce. L'outillage industriel se modifie à toute heure, par suite des découvertes et des inventions qui éclosent sur tous les points du globe, aux États-Unis, comme en Angleterre, en Australie et en Allemagne, aux Indes aussi bien qu'en Italie, en France et en Russie. Le négociant, sous peine d'être devancé par ses concurrents, ne doit donc négliger un seul instant d'être informé de tous ces faits qui exercent sur la marche des affaires une influence si considérable. Il le sera par la lecture des journaux étrangers, des publications spéciales concernant l'industrie et le commerce. Or, généralement, il ne lit ni les uns ni les autres ; les premiers sont imprimés dans une langue qu'il ignore; les seconds, sans doute, ne l'intéressent point comme trop sérieux. Il existe au ministère du commerce un journal spécial, *le Moniteur officiel du Commerce*, qui contient des renseignements commerciaux, industriels, économiques, maritimes très précieux, les rapports des consuls français et étrangers, des extraits des publications spéciales étrangères ; ce journal, dont le prix est de cinquante centimes, a 1,500 lecteurs environ, dont 500 abonnés ! Au même ministère, il a été créé un bureau d'échantillons de produits étrangers envoyés par nos agents commerciaux ; le chiffre des visiteurs est en moyenne de vingt-cinq par semaine !

La nécessité vitale pour la France de tenir le premier rang dans le commerce international, de s'épandre au dehors pour trouver des débouchés à la production intérieure, impose aujourd'hui au gouvernement une nouvelle mission de politique étrangère, à laquelle il ne peut faillir sans entraîner le pays à la ruine. Sur toutes les places extérieures, sur tous les points du monde, il doit avoir des agents dévoués et vigilants. Les consuls étrangers ont pour principale fonction de favoriser l'établissement des nationaux en pays lointain, de protéger leurs intérêts, d'aider au développement de leur commerce et de leur industrie. En France, jusqu'à ces dernières années, le corps consulaire paraissait se préoccuper avant tout de décourager les Français des entreprises à l'étranger. Le préjugé aristocratique, mais ridicule que le commerce est une dérogation, semblait s'être réfugié de la noblesse d'antan dans le fonctionnarisme extérieur, où l'aristocratie contemporaine avait pris ses quartiers d'émigration.

Dans les colonies, ce préjugé est même devenu une hostilité manifeste qui fait considérer par les administrateurs, gouverneurs et employés, comme suspect tout compatriote énergique et hardi qui s'en va y chercher fortune. On objecte souvent aux pessimistes qui prétendent que nous ne sommes point colonisateurs pour justifier l'insuccès qui accueille nos tentatives de colonisation, l'exemple de nos riches et vastes colonies d'autrefois, du Canada, de la Louisiane, de l'île Bourbon, des Indes, etc. La réplique est aisée :

Louis XIV accordait à tous les Français qui

voulaient aller fonder des colonies des privilèges extraordinaires de tous genres, subventions, exemptions d'impôts, lettres d'anoblissement, etc. Les financiers, les bourgeois, les seigneurs qui souscrivaient aux émissions des compagnies coloniales étaient l'objet des mêmes encouragements officiels. Les colons étaient dans une indépendance presque complète du fonctionnarisme, s'organisaient administrativement entre eux et tout en conservant avec la métropole des liens étroits d'intérêt et de patriotisme, formaient pour ainsi dire des colonies libres. Aujourd'hui, le fonctionnarisme tue la colonisation par sa routine et par son despotisme. Non seulement le colon ne jouit d'aucun privilège, mais il ne reçoit même point le plus souvent la protection officielle qui est due à tout citoyen sur le sol national. Aussi ne doit-on point s'étonner que les immigrants préfèrent presque toujours aux colonies françaises, les États-Unis, l'Amérique du Sud, les rudes pampas du Chili et même les forêts vierges, infestées d'Indiens sauvages, du Chanchamayo.

Quelques réformes ont pu être faites ; un certain nombre de consuls ont aujourd'hui souci de rendre service à leurs compatriotes, de tenir le commerce français au courant du mouvement d'affaires des pays où ils sont accrédités. Mais, en principe, l'organisation des consulats ne répond plus aux exigences de la situation actuelle ; elle doit être transformée radicalement.

Les consuls allemands, belges, anglais, italiens, sont bien plus des agents supérieurs commerciaux que des agents politiques à la façon des nôtres ; ils ont pour mission principale presque exclusive de tenir régulièrement leurs compatriotes au courant

de tout ce qui peut les intéresser commercialement, de s'enquérir, à ce point de vue
spécial, des besoins et des ressources des pays
de leur résidence. Leurs gouvernements ne
les changent point continuellement de poste,
au gré des caprices de ministres ou des
faveurs parlementaires. Ils les élèvent en
grade sur place et les maintiennent souvent pendant toute leur carrière au même
poste, dans lequel ils parviennent à acquérir
une connaissance intime du pays et une autorité morale et politique considérable qui leur
permet de servir utilement les intérêts de
leur nation. Il ne faudrait point cependant
croire que cette réorganisation administrative
puisse résoudre la question de nos relations
commerciales extérieures. Le consul à l'étranger ne doit être qu'un conseiller et un protecteur de ses nationaux et non leur agent
d'affaires, leur commissionnaire, comme on

semble trop porté à le considérer chez nous. L'étranger m'a paru avoir donné une solution très pratique à cette grave question. en n'imposant aux consuls que cette mission de conseiller et de protecteur à l'égard de ses compatriotes qui s'en vont faire eux-mêmes l'enquête utile à leurs intérêts privés. La responsabilité de ces agents est ainsi couverte, et ils peuvent rendre plus de réels services. A l'étranger, d'ailleurs, le système des missions spéciales, des enquêtes extérieures, est très employé, et il donne partout, en raison de la compétence et des personnes à qui elles sont confiées, les résultats les plus satisfaisants. J'en ai eu sous les yeux des exemples nombreux. Nous devons adopter ce système, et, à l'imitation de l'Allemagne, mettre auprès de nos représentants diplomatiques des attachés commerciaux et industriels, comme ils ont déjà des attachés militaires.

Un des moyens les plus pratiques pour favoriser l'expansion de notre commerce d'exportation est la création de musées commerciaux. A l'étranger, on en a depuis longtemps compris l'utilité et organisé le fonctionnement. Il en existe dans un grand nombre de villes industrielles de l'Angleterre ; en Belgique, à Bruxelles ; en Italie, à Turin, à Milan et à Rome ; en Autriche-Hongrie, à Vienne, à Pesth ; en Allemagne, à Francfort, à Hambourg, à Munich, à Nuremberg, à Stuttgard, à Rostock, à Leipsick. L'agitation en faveur de la création de musées et comptoirs d'échantillons dans toutes les villes d'Allemagne est devenue depuis deux ans très intense et générale. L'opinion publique s'est énergiquement prononcée pour la fondation à Berlin d'un grand musée central destiné à tout l'empire. En 1883, la première idée de cette institution avait été émise et organisée par un comité de délégués des chambres de commerce de l'empire. Elle a fait l'objet, en 1884 et 1885, de nombreux congrès, de délégations auprès du gouvernement allemand qui a promis son concours actif, les bâtiments nécessaires au musée, une subvention importante; le projet ne tardera point sans doute à être mis à exécution avec toute l'ampleur que l'Allemagne donne actuellement à ses institutions publiques. On trouvera plus loin les détails de l'organisation du Musée oriental de Vienne, un musée type qui a rendu à l'industrie et au commerce autrichiens des services immenses. En France, deux villes seules, Lyon et Amiens, possèdent un établissement de ce genre. Paris n'en a point! Je forme ardemment le vœu que l'année 1886 voit enfin l'inauguration d'un musée parisien du commerce et de l'industrie.

Depuis quelques années des chambres de commerce françaises à l'étranger ont été fondées; le gouvernement a imprimé une vive impulsion à ces créations utiles, qui permettent à nos nationaux de se grouper pour défendre leurs intérêts communs et favoriser le développement de l'influence et de l'autorité de la colonie. Elles constituent en outre, entre la métropole et les colons, un lien étroit d'intérêts et d'action par l'échange de renseignements. Elles complètent la mission des représentants officiels du gouvernement.

CHAPITRE III

Dans le rapport de la Commission des valeurs de douane, je lis, au chapitre de la section des matières de fabrication et objets
fabriqués divers, de vives doléances sur
la recherche exagérée de la production à
bon marché qui paraît gagner toutes les
branches de l'industrie et qui constitue à

son avis, une des causes principales de la crise actuelle :

« Il y a là, dit le rapporteur de la Commission, un courant incontestable qui trouve évidemment sa raison d'être et son excuse dans la concurrence étrangère, mais qu'on ne saurait cependant approuver sans réserve.

« On comprend cette recherche de la part du dernier concurrent qui entre dans la lice, parce que c'est, de tous les moyens de se faire connaître, celui qui demande le moins d'imagination et de talent; mais on s'explique plus difficilement que la France, qui occupait une place à part dans le monde industriel, fasse ainsi abnégation de ses anciens éléments de succès, de son bon goût, de son élégance et de la qualité de ses produits, pour se mettre à la remorque de ses anciens contrefacteurs. Ce n'est certes pas le progrès ; on se demande s'il y a au moins l'excuse de l'intérêt bien compris, et personne n'ose l'affirmer. »

La question est mal posée, et c'est ainsi qu'elle peut troubler profondément des esprits positifs.

Il ne saurait venir à l'idée à personne de proposer que la France renonce à ses traditions de bon goût et d'élégance, ne se préoccupe plus de faire de l'art ; ce serait lui conseiller un cruel suicide. Mais prétendre qu'elle doit s'abstenir d'entrer en concurrence avec l'étranger pour la production à bon marché qui forme aujourd'hui le fonds du commerce international et qu'elle se consacre exclusivement à la production de luxe, n'est-ce point une erreur économique et sociale dont l'application rigoureuse conduirait promptement le pays à des catastrophes?

Le mérite artistique d'une œuvre industrielle n'implique point nécessairement l'emploi de matériaux coûteux, d'une main-d'œuvre très chère et en conséquence un prix de vente fort élevé. Un meuble de 100 francs peut être d'une forme plus élégante, d'un goût plus pur qu'un meuble de 1,000 fr., et pour se vendre 100 louis une pièce d'orfèvrerie n'est point forcément un chef-d'œuvre de ciselure et de dessin.

Un homme d'esprit proposa un jour de parier qu'il mettrait en vente sur le boulevard des pièces de 100 sous pour 4 francs et que personne ne lui en achèterait. La question commerciale des œuvres d'art est tout entière dans cet apologue paradoxal de la sottise humaine. Nos industriels se plaignent amèrement que l'étranger copie effrontément nos modèles et vende ses imitations, parfaites, il est vrai, au-dessous du prix de nos produits. Ce fait ne prouve-t-il point simplement que notre production est plus chère que la sienne? et la seule morale que nous ayons à tirer de la mésaventure n'est-elle pas la nécessité de nous outiller de façon à pouvoir donner les originaux pour un prix égal sinon inférieur, aux copies? Nos industriels objectent que la production artistique est fort chère, en raison des exigences des dessinateurs et des ouvriers habiles; ne serait-ce point qu'ils sont trop rares? Élevons le niveau artistique de l'éducation de tous nos ouvriers et le problème sera résolu, en vertu des lois économiques.

J'approuve la proposition du rapporteur de la Commission des valeurs de douane, mais en la renversant; je m'associe à ses doléances, en formant le vœu que l'industrie française se maintienne dans la voie de l'art, non pour vendre cher, mais pour arriver à produire à bon marché.

Mettons de l'art en tout, dans tout ce que nous faisons; apprenons à connaître et à aimer les belles choses, formons notre goût et élevons haut notre imagination. Soyons un peuple d'artistes, en même temps qu'un peuple de marchands; cela n'est point inconciliable, à condition que les marchands soient des artistes. La grande république de Florence était une république de marchands et d'industriels et c'est elle qui a fait la Renaissance italienne. Mais les Médicis, chefs de l'État, aimaient les arts; les foulons, les teinturiers, escortaient avec enthousiasme la vierge de Cimabué de l'atelier de l'artiste à Santa-Maria Novelle; les corporations ouvrières commandaient des chefs-d'œuvre aux peintres, aux sculpteurs, aux orfèvres. L'art, dans toutes ses branches, tenait une grande place dans l'État.

Au commencement de l'année 1870, dans un grand discours prononcé à la tribune du Corps législatif sur la question de la protection, Thiers déclarait que la France devait surtout chercher à développer sa production de luxe, qu'impuissants à vendre à aussi bon marché que d'autres peuples industriels, nous devions compenser cette différence de prix par la valeur toute spéciale de nos produits. Cette opinion économique a une apparence de justesse ; mais elle n'a point trouvé sa confirmation dans les événements postérieurs. Sans que le mérite artistique de nos œuvres d'art et de luxe ait diminué l'importation des produits similaires de l'étranger a augmenté et l'exportation française est restée stationnaire, si même pour certains articles elle n'a point décru. De 1876 à 1885, comme exportation, les articles divers de l'industrie parisienne, la tabletterie, bimbeloterie, mercerie, éventails, ont baissé de 74 millions, les modes et fleurs artificielles de 9 millions; les ouvrages en peau et en cuir ont perdu 24 millions après avoir atteint 169 millions en 1881, soit sur cette année-là 36 millions de différence. Quant aux tissus de soie, le tableau général du commerce est terrifiant : de 478 millions en 1873, le commerce est tombé à 234 en 1880, pour se relever en 1883 et retomber en 1885 à 233 millions, soit en douze ans 245 millions de pertes !

Dans les rapports de la Commission des valeurs de douane pour 1884, je trouve les renseignements suivants sur les variations de vente des productions françaises qui ont un caractère artistique.

« Malgré des efforts intelligents et persévérants, le tissage de la soie a vu diminuer pendant cette année le chiffre de sa production.

« Le grand public a délaissé les étoffes de soie pure, il leur préfère des tissus de bas prix et d'aspect commun en laine ou en coton. Cette direction de la mode est si bien établie que le tissage de la soie a dû faire porter en grande partie sa fabrication sur des tissus mélangés. Notre exportation a baissé de 9 pour 100 en poids et le prix moyen de 11 et demi pour 100 (1).

« Dans l'industrie de la laine, la baisse sur les qualités fines a atteint parfois 10 pour 100 et les prix des laines communes se sont maintenues (2).

(1) Le dernier tableau du commerce de la France accuse heureusement une augmentation sur 1884 en faveur de 1885 (11 premiers mois) de 21 millions ; mais sur les années antérieures le déficit est toujours considérable.

(2) Légère augmentation sur l'année 1884 dans le dernier tableau du commerce.

« La draperie semble avoir été mieux partagée que les autres branches de l'industrie lainière. Si la consommation intérieure a été faible, l'exportation a été assez active, surtout pour l'Angleterre. Ce sont les qualités ordinaires et les genres cheviot qui ont été particulièrement recherchés. Ainsi, tandis qu'Elbeuf voit son chiffre diminuer encore d'importance et que Sedan se plaint du délaissement des beaux draps noirs casimir, les fabriques de Roubaix, Vienne et Reims ont été pleinement occupées et sont en voie de développement.

« L'exportation du châle, principalement du châle broché, genre de l'Inde, a diminué sensiblement, les États-Unis ayant moins demandé l'article dans le second semestre.

« Notre fabrique de tissus mélangés pour ameublement est toujours prospère. Cependant la mode, en abandonnant le velours pour meubles, a fait baisser le chiffre de l'exportation. Amiens a vu diminuer de près de moitié sa fabrication de velours de poils de chèvre.

« Dans l'industrie du coton l'impression a été de plus en plus délaissée ; la consommation de cet article a été remplacée par celle des tissus de cotons teints. La demande a porté sur les qualités communes d'Angleterre, au détriment des belles étoffes imprimées d'Alsace.

« Dans la bonneterie, l'exportation de l'article de soie a beaucoup diminué ; la demande s'est portée de préférence sur les tissus unis, au détriment des articles de fantaisie pour lesquels le goût de nos fabricants devait nous assurer la prédominance.

« En résumé, la France est particulièrement apte à produire les étoffes de qualité supérieure et de grand prix, pour la fabrication desquelles l'adresse de ses ouvriers, l'imagination de ses dessinateurs, le goût de ses coloristes, restent sans rivaux. C'est là que sont les traditions et le génie de la manufacture française. Mais la mode délaisse les belles étoffes pour s'attacher aux qualités communes, et recherche le bon marché avant tout; notre industrie éprouvera des souffrances et ne pourra reprendre son développement naturel, tant que ce phénomène économique durera.

« Dans les plumes de parure, la concurrence étrangère a mis l'industrie parisienne dans l'obligation de modifier sa fabrication. Il n'est plus possible pour elle de ne rechercher que la qualité et la perfection des produits, de viser au bon goût et à l'élégance; elle ne peut plus maintenir son chiffre d'affaire et lutter contre la concurrence extérieure qu'en s'adonnant à la production de l'article à bon marché. Aussi les affaires nouvelles ont-elles été brillantes : l'exportation de cet article passe brusquement, d'une année à l'autre, de 31 millions à 48 millions. Le commerce extérieur des *plumes de toutes couleurs* gagne à lui seul 18 millions.

« L'exportation des différents articles de *tabletterie* s'est également amoindrie pendant l'année 1884; le chiffre d'ensemble tombe de 25,317,000 fr. à 22,500,000 fr. Si nous entrons dans le détail de ces articles, nous voyons que l'exportation des *éventails* et des *écrans* est plus forte de 20 pour 100, mais avec une baisse de 25 pour 100 dans la valeur.

« L'industrie du papier peint, en grande partie centralisée à Paris, se trouve placée dans de fâcheuses conditions pour lutter contre l'étranger, à cause de la cherté de la main-d'œuvre, du haut prix des loyers et des autres charges qui grèvent la production parisienne. L'ancienne supériorité, due au choix des dessins, à la variété et à l'harmonie des couleurs, dit le rapporteur de la section, est bien atténuée et tend à disparaître devant l'attrait plus puissant du bon marché, qui a toutes les faveurs. »

Relativement à la verrerie, les réflexions du rapporteur sont fort tristes : « A mesure que l'emploi des verreries à bon marché prend plus d'extension, dit-il, nous assistons à la ruine de nos éléments de succès, qui consistent dans la beauté de la matière première, le goût et la perfection du travail. La masse des consommateurs en arrive à ne plus considérer que le prix, et, sous ce rapport, nous sommes dans des conditions d'infériorité vis-à-vis des Allemands et des Belges, qui payent moins cher la houille, la main-d'œuvre et les transports par chemins de fer. »

La situation faite à la *porcelaine* est sensiblement moins bonne que celle de la faïence pour laquelle nos fabriques bien outillées luttent avec succès contre la Belgique, la Hollande et l'Angleterre. L'entrée de la porcelaine blanche tombe, de 432,000 à 137,000 francs, mais l'ensemble des porcelaines décorées s'élève subitement de 2,500,000 à 3,032,000 francs ; pendant le même temps. nous perdions à l'exportation 491,000 francs sur le chiffre de la porcelaine blanche et 1,809,000 francs sur celui de la porcelaine décorée, qui n'atteint plus que 3,426,000 fr. (1).

L'Allemagne nous fait une concurrence redoutable sur tous les marchés extérieurs; non seulement nous payons la houille plus cher que nos concurrents, mais nous voyons

---

(1) La comparaison du tableau du commerce pour les 11 premiers mois de 1885 avec ceux de 1884 accuse une diminution de plus de 2 millions et demi.

qu'ils sont encore favorisés, même en France, pour les transports de leurs produits, par les tarifs dits de *pénétration*, alors qu'on vient d'augmenter les anciens tarifs, ce qui aggrave pour nous une situation déjà mauvaise.

La valeur des bijoux d'or et d'argent fabriqués au titre nominal n'a pas subi de modifications.

Depuis trois ans la *bijouterie en métaux autres que platine, or et argent*, a varié dans les proportions suivantes : en 1882 elle s'élevait à 33,501,000 francs, en 1883 à 47,612,400 francs, et en 1884 à 40,745,112 francs.

Nous avons perdu près de 7 millions l'année dernière.

La *bijouterie d'or et de platine* gagne au contraire près ʹde 1 million sur le précédent exercice (1). »

(1) En 1885 (11 premiers mois) comparé à 1884, on perd 24 millions.

Les bronzes d'art et objets d'ornementation ont perdu au commerce extérieur
2,600,000 francs.

Tout en tenant compte du resserrement
dans la consommation de luxe qu'a amené
la crise commerciale et industrielle aussi
bien à l'étranger que chez nous, on ne saurait
contester que la démonstration des faits ne
soit concluante contre l'opinion de Thiers.

Au moment où parlait l'illustre homme
d'État, il ne pouvait prévoir l'immense mouvement de renaissance artistique qui allait se
produire partout, et la puissance industrielle
de l'Allemagne, vainqueur de la France et
enrichie par nos 5 milliards de rançon.

Nous devons nous efforcer de conserver
notre supériorité artistique, apporter toute
notre vigilance incessante à la développer
par l'éducation professionnelle de nos ou-
riers, en multipliant les écoles d'art, en

en faisant pénétrer le goût des belles choses dans le peuple; mais il serait dangereux de méconnaître la révolution économique qui a changé radicalement depuis quelques années les conditions du travail, de la production et du commerce universels. La loi industrielle est aujourd'hui : Faire bien, vite et à bon marché.

On dit et l'on écrit partout que nous sommes les premiers artistes du monde ; que notre génie artistique domine celui de tous les peuples. Incontestablement, il est une supériorité qui nous reste, celle de l'art. Dans toutes les expositions internationales, nous brillons encore au premier rang ; nos œuvres sont les plus belles, les plus originales, se distinguent des œuvres étrangères par la grâce, par l'élégance dans les formes ; par l'éclat et la délicatesse dans la couleur ; par le goût dans l'ensemble. Mais ne nous illusionnons point : l'étranger fait des progrès considérables. Il y a partout un mouvement de renaissance artistique qui se manifeste nettement, et si nous devions rester stationnaires nous ne tarderions point à être atteints, même dépassés. Déjà, dans certaines branches des industries d'art, nos concurrents deviennent dangereux. Les dépositions devant la Commission d'enquête parlementaire constatent que le goût étranger est en progrès, que sur certains points nous subissons la mode qu'il crée, malgré la supériorité que nous gardons pour l'ensemble.

Les rapporteurs français de l'Exposition internationale de 1878, tous hommes « du métier », dont ni la compétence ni le patriotisme ne sauraient être mis un seul instant en doute, ont constaté *unanimement*, avec une précision et une franchise de langage qui ne laissent prise à aucune réticence, à aucune dissimulation, que les étrangers ont fait dans les industries d'art des progrès considérables, qu'ils ont perfectionné leur outillage, amélioré leur goût. Il serait fort dangereux de méconnaître l'évolution artistique de l'Angleterre, de l'Allemagne, de l'Autriche, de l'Italie et même de la Russie ; notre intérêt est de l'étudier, d'en observer le développement, avec précision (1).

Les écrivains, artistes et philosophes, ont cherché souvent à faire la psychologie de l'artiste parisien, à analyser les éléments constitutifs de son tempérament si original et si prime-sautier. Ils en ont dégagé une sorte d'essence intellectuelle, qu'ils ont pittoresquement dénommée *la parisine*, essence subtile, pénétrante, qui laisse à tout

---

(1) Rapports à M. Turquet, sous-secrétaire d'État au ministère des beaux-arts, sur les missions confiées à M. Marius Vachon pour étudier le mouvement des industries d'art en Allemagne, Autriche-Hongrie et Russie.

ce qu'elle touche un parfum délicat et intense. Ils ont attribué à l'air ambiant de Paris, à son atmosphère d'élégance, de gaieté spirituelle, d'atticisme et de poésie, cette faculté si vive de percevoir une sensation artistique et de la traduire avec esprit, dans ces mille objets de l'industrie parisienne qui séduisent si profondément par la fantaisie, la forme et la couleur.

L'influence de la vie de Paris est même telle qu'on a pu dire avec raison qu'aucun ouvrier ou artiste appelé à l'étranger n'a jamais réussi à conserver longtemps son originalité et son goût; qu'il lui était nécessaire de venir se retremper fréquemment dans le milieu parisien pour pouvoir continuer à produire des œuvres de valeur. Or ce Paris, si pittoresque, si original, si expressif, à la physionomie si variée, qu'à chaque pas se rencontrait un motif d'inspiration, où les vieilles pierres étaient si éloquentes, où la rue elle-même semblait avoir tant d'esprit et de fantaisie, ce Paris parisien, source de génie national, n'est-il point menacé de transformation? Au cosmopolitisme des mœurs et des idées sont venues se joindre la banalité de la demeure, la vulgarité des monuments. La ville devient monotone ; tous les quartiers se ressemblent ; partout les mêmes grandes rues droites, froides, bordées d'immenses constructions élevées sur un type uniforme. Les édifices nouveaux (1) sont des bâtisses énormes, sans art, sans variété d'allures et de caractère. La décoration monumentale est tombée dans le mépris des architectes et des édiles. On démolit, sous prétexte d'alignement, des chefs-d'œuvre des siècles passés ; on mutile des

(1) L'École de médecine, la Clinique, la Poste, l'École de pharmacie, le Collège Rollin, etc.

places publiques d'une physionomie histo-rique (1). La nature elle-même n'est point épargnée (2). Des perspectives pittoresques, des coins de paysage charmants sont troués, crevés ; Paris est la proie des ingénieurs, des niveleurs, des maçons, des agents voyers. Le rapporteur de la Commission d'enquête parlementaire a constaté sur ce point les observations des déposants et ré-sumé avec énergie les conséquences fatales pour la prospérité parisienne de l'indifférence de l'Empire pour l'art, indifférence dont la République a hérité malheureusement, en même temps que de son administration rou-tinière et ignorante :

« La percée de la rue Rambuteau, dit-il, fut sous Louis-Philippe un événement ; et tout à coup, sans désemparer, sous Napoléon III,

(1) La place des Victoires, le Carrousel.
(2) Le jardin des Tuileries.

tout un plan d'ensemble est appliqué, traversant la vieille cité de voies plus stratégiques encore qu'industrielles, isolant profondément ses centres vitaux, assurant sans aucun doute une circulation plus puissante, mais développant à outrance ce caractère de ville cosmopolite, sans unité morale, sans communion sociale et fraternelle, que Paris par malheur n'a que trop de tendances à revêtir.

« Des parcs merveilleux sont créés ; des boulevards enserrant les quartiers intérieurs, reculant les quartiers excentriques, sont percés à travers tous les obstacles ; les casernes se multiplient, et si les canaux, les halles, les entrepôts, les gares de chemin de fer, les ponts sont habilement transformés et accommodées aux nouvelles nécessités de la vie industrielle et commerciale, dans l'érection hâtive et coûteuse de ces théâtres monumentaux mais souvent nuisibles à l'art, dans la construction de ces églises ruineuses et peu fréquentées, on découvre toute une série d'opérations pleines d'abus. Sans doute, la voirie souterraine de Paris devient l'une des plus parfaites du monde, mais après quels tâtonnements, et par quelles combinaisons de mesures difficiles et d'essais imprudents !

« Deux cents millions empruntés en 1865, deux cent soixante en 1869, les bons de délégation créés dans l'intervalle, le crédit de l'État sans cesse mis en jeu, et dix-sept ans d'une métamorphose toujours incomplète ne donnent point à Paris, à part l'Opéra, construction grandiose qui a englouti des millions et qui a peut-être compromis sinon ruiné l'art de la musique dramatique, un seul édifice dont l'architecture nationale puisse s'enorgueillir. »

Dans dix ans si on continue les mêmes traditions, si une réaction sérieuse ne s'opère point, Paris ne sera plus Paris, mais une ville quelconque, Chicago, New-York, Melbourne, Sydney, Pétersbourg, Londres, etc. Alors, on désertera Paris décapité de sa gloire séculaire, dépouillé de tout ce qui fait son charme, son élégance, sa grandeur, de ce qui le place à la tête du monde. Il n'y aura plus d'art parisien et peut-être d'art français. C'est un péril national, que dans le gouvernement, dans le Conseil municipal on ne prenne point très grand souci de cette question fort grave de l'art à Paris. Chaque édifice de mauvais goût qu'ils laissent élever est un élément de stérilisation pour Paris ; chaque vieille pierre historique, artistique, qu'ils laissent tomber est une assise du monument national, qui croule ; une source d'inspiration géniale se tarit dans toute création originale, pittoresque, qu'ils laissent détruire ou s'en aller en ruines. Il ne devrait point être, à Paris, remué un moellon, taillé un arbre, donné un coup de pioche, sans qu'on ait préalablement examiné avec le plus grand soin si l'art y trouve avantage ou détriment, si Paris peut en souffrir dans sa gloire ou en être mieux orné.

La province suit l'exemple de Paris, et comme il s'y trouve encore moins de défenseurs des vieux monuments, des œuvres d'art du passé, les démolisseurs et les ingénieurs ont le champ libre pour se livrer à leurs opérations de vandalisme, pour entreprendre la banalisation complète des villes. On rase tout de ce que nos ancêtres, plus artistes que nous, ont légué au pays. On fait, au nord, au midi, à l'est et au couchant, des cités neuves qui ont la même uniformité de caractère banal. N'a-t-on point laissé le

Mont Saint-Michel, la merveille de l'Occident, tomber entre les mains des ingénieurs des ponts et chaussées, qui sont en voie de la détruire?

Qu'on ne s'y méprenne point, tout cela exerce sur notre génie national une influence néfaste profonde. Et il faut y voir exclusivement la cause de l'abaissement général du goût, qui pourrait être demain la décadence.

CHAPITRE IV

La Curiosité est comme la langue d'Esope :
ce qu'il y a de meilleur et ce qu'il y a de pire ;
sa valeur est dans la façon et dans la mesure dont on s'en sert. Aux points de vue artistique et historique, aussi bien qu'au point

de vue économique, elle a rendu les plus
grands services et donné des résultats excellents.

Sans vouloir remonter au déluge et citer
des exemples devenus classiques, on peut dire
en principe, avec vérité, que les collectionneurs ont contribué puissamment à la constitution de la richesse nationale, en sauvant
d'une destruction certaine un très grand
nombre d'œuvres d'art et d'objets de curiosité. Quand La Bruyère, dans ses *Caractères*,
traçait un portrait si ironique, si méchant,
de l'abbé de Marolles, sous le pseudonyme de
Damocède, il attaquait très injustement un
fort brave et savant homme, dont la collection, grâce au flair et à la générosité de Col-
bert, allait former le fonds du Cabinet des
Estampes. Les collègues au conseil d'État de
du Sommerard père ne se doutaient point,
sans aucun doute, en le plaisantant avec ma-

lice sur sa manie d'encombrer ses poches de vieux ivoires, de ferrailles, de morceaux de cuivre, qu'il préparait pour la France un nouveau musée des plus précieux pour les artistes et pour les industriels, que ses inutilités constituaient peu à peu les éléments d'une fortune considérable. En donnant une valeur pécuniaire aux objets d'art, par ceux qu'ils recueillaient, qu'ils classaient ensuite et décrivaient avec érudition, les collectionneurs qui suivirent l'exemple du fondateur de Cluny en assuraient la conservation. Détruit qu'il aurait été la veille par un brocanteur avide d'en extraire les paillons d'or, le cuivre de fond, ou l'argent de la garniture, un émail était le lendemain soigneusement conservé et vendu avec bénéfice. L'œuvre de l'artiste, méconnue, recouvrait sa valeur ; celle de la matière première était décuplée ou centuplée. L'économie politique et l'art se trouvaient

ainsi d'accord pour approuver une opération
aussi utile que fructueuse.

Peu à peu les collections et les musées se
sont fondés ; les érudits, les artistes et les
artisans les ont étudiés, y ont découvert des
éléments d'inspiration, des procédés ignorés
de travail. Et toutes les industries d'art béné-
ficiaient largement de cette résurrection du
passé, qui leur apportait des modèles nouveaux et leur ouvrait des débouchés importants dans l'imitation des vieux styles, ou,
mieux encore, dans leur transformation ra-
tionnelle, en harmonie avec les habitudes et
les mœurs de notre temps.

La révolution était féconde, mais les excès ne tardèrent point à en dénaturer le caractère et à en détruire les heureux résultats :
la curiosité tombait bientôt dans la mode. Il
devint du meilleur ton, indispensable en conséquence, dans tous les mondes, d'avoir des

bibelots, de vieux meubles, de la vieille ar-
genterie, de la faïence et de la porcelaine
anciennes, des ivoires, des émaux, des ar-
mures, etc. La science, le goût personnel,
n'étaient pour rien dans le choix et dans la
conservation des œuvres d'art. Pour les gens
à la mode, existe-t-elle jamais l'œuvre d'art,
intime, familière, qu'on aime passionnément,
qu'on préfère à tout, qui entre dans la vie
morale et intellectuelle en vieil ami, qu'on
regarde avec regret au départ et qui semble
vous accueillir joyeusement au retour ? Ils la
possèdent, comme on a, parmi les biblio-
manes, de ces livres singuliers, étranges, de
ces *pâtissiers français*, auxquelles on ne
donne de valeur qu'autant qu'ils ne sont
point coupés et qu'on ne les lit jamais.

Tout est pour l'ostentation, pour la galerie,
pour montrer qu'on est riche et faire croire
qu'on a du goût et de l'érudition. Or, comme

le nombre des œuvres d'art anciennes, importantes, authentiques est plus limité que celui des naïfs, qu'elles entrent peu à peu dans les grandes collections ou dans les musées, le prix en est devenu fort élevé et les marchands, obsédés par la foule des parvenus impatients de se constituer une collection, ont dû recourir à la fabrication du vieux neuf, pour satisfaire à toutes les demandes. Il en est résulté une nouvelle industrie qui a poussé jusqu'au génie l'audace de la contrefaçon et l'habileté des transactions commerciales en cette matière. On peut hardiment dire qu'il n'est pas une collection, si importante, si renommée qu'elle soit qui ne contienne des pièces fausses. Depuis quelque temps, des écrivains qui s'occupent spécialement des questions d'art ont, par leurs révélations curieuses, singulièrement troublé l'esprit et l'imagination des grands collectionneurs ; un certain nombre de ceux-ci doivent à cette heure se livrer à des opérations cruelles de revision et faire des examens de conscience bien troublants.

En présence des falsifications innombrables et de tous genres, les riches collectionneurs se sont piqués entre eux d'acquérir, — à des prix fantastiques, il est vrai, — des pièces d'une authenticité reconnue, et les marchands, alléchés par les bénéfices considérables à réaliser, s'efforcent par tous les moyens de découvrir des œuvres pouvant passer comme telles ; alors ils ont fait appel au trucage et à la fabrication moderne. Aujourd'hui l'industrie du vieux-neuf est en mesure de livrer dans un délai restreint n'importe quel objet d'art, depuis la hache en silex la plus pure des temps préhistoriques, des cylindres assyriens d'une épigraphie rigoureuse, des fibules mérovingiennes, jusqu'à l'armure complète que François Ier portait à la bataille de Marignan, ou une garniture de cheminée, ciselée par Gouthières, provenant de Trianon ou de Saint-Cloud, revêtue de tous les poinçons et marques des inventaires du garde-meuble.

Les amateurs les plus riches ne recherchent que le vieux, fût-il laid, ridicule, sans art et sans goût, et dédaignent avec mépris le moderne, quelque belle et quelque originale que puisse être l'œuvre sortie des mains de nos artistes contemporains. On a raconté le trait piquant d'un amateur parisien archimillionnaire offrant, parce qu'il la croyait ancienne, cent mille francs d'une pièce d'orfèvrerie aperçue dans le cabinet d'un de nos premiers orfèvres, et la refusant ensuite pour le prix le plus minime, sur l'aveu qu'elle était moderne. L'anecdote du miroir de Louise de Vaudemont, vendu plus de trente mille écus au même amateur comme authentique, alors que cent personnes savaient qu'il avait été fait par un artiste de génie qui crevait de faim et l'avait cédé à un marchand marron pour manger, est désormais légendaire. Et, du plus grand au plus petit, tous les amateurs et collectionneurs en sont là. On leur offrirait des merveilles contemporaines, des chefs-d'œuvre incomparables, signés de noms d'artistes vivants, ils n'en voudraient point : ce n'est pas du vieux. « Il nous faut du *vieux*, n'en fût-il plus sur terre », semble chanter le chœur immense des collectionneurs.

A côté de la question de mode il y a encore la question d'argent. Le plus grand nombre de nos amateurs attitrés se préoccupent moins de former des collections pour leur satisfaction personnelle ou pour l'ébahissement de leurs contemporains, que dans

le but de faire de bons placements financiers,
plus sûrs et plus fructueux que les valeurs
de crédit ou de commerce. Un des plus habiles bijoutiers de Paris m'expliquait tout récemment, par ces considérations piquantes,
le marasme de la bijouterie artistique, jadis si
florissante, à laquelle on préfère aujourd'hui
la joaillerie et les diamants, comme objets
d'une revente plus facile et moins aléatoire.
Tout cela est funeste pour nos industries artistiques, qui ne sauraient vivre et prospérer
des basses œuvres d'imitation et de trucage.
Nous avons aujourd'hui des artistes incomparables comme esprit d'invention et comme
habileté de métier ; ils gagnent à peine leur
vie, en fabriquant pour leur compte, à défaut
de commandes, des œuvres superbes qu'ils
cèdent pour un morceau de pain à des marchands marrons. J'ai vu de ces ouvriers pro-
mener d'ateliers en ateliers, de magasins en

magasins, des pièces merveilleuses de goût et d'élégance, du travail le plus précieux et qui ne trouvaient accueil que chez des fabricants douloureusement émus de tant d'insuccès, de mécomptes et de désespérances. La plupart des chefs-d'œuvre d'orfèvrerie et de bijouterie qu'on a admirés aux Expositions de 1878 et de l'Union centrale, sont encore dans les vitrines des maisons qui les avaient fait exécuter spontanément pour soutenir l'honneur et la réputation de l'industrie nationale (1). Les amateurs délaissent ces chefs-d'œuvre modernes pour acheter du vieux. Ah ! s'ils voulaient consacrer à des commandes à nos artistes des industries de l'orfèvrerie, de la bijouterie, du mobilier, le dixième seulement des sommes folles qu'ils dépensent annuelle-

(1) Une belle pièce d'orfèvrerie de la maison Christofle, qui a obtenu en 1880 une médaille d'or à l'exposition de l'Union centrale, a été achetée en 1885, à l'exposition de Nuremberg, par le Musée d'art et d'industrie de Berlin.

plier les anecdotes les plus piquantes sur les excentricités des collectionneurs, sur leur dédain à l'égard des chefs-d'œuvre modernes. Mais, comme ces anecdotes pourraient paraître invraisemblables, et que, dans une question de ce genre, aussi grave, aussi délicate, des documents officiels indiscutables présentent une plus grande autorité, j'ai ouvert, à ce point de vue, le volumineux compte rendu de la Commission d'enquête sur la situation des ouvriers et des industries d'art, dont j'ai eu l'honneur de faire partie; et voici ce que j'y ai découpé comme citations piquantes :

A la première séance, M. Hamel, président de la Chambre syndicale de la sculpture, déclare : « Les sculpteurs français sont aussi habiles aujourd'hui qu'à aucune autre époque, mais actuellement on ne nous permet pas d'être originaux ; on nous demande de la Renaissance, du Louis XIV, du Louis XV, du

Louis XVI ; on fait de nous des machines, en nous obligeant à copier. »

Peu après, à une question précise d'un membre de la Commission, M. Hébrard, sur le développement du trucage du mobilier, M. Fourdinois répond : « Plusieurs de ces copies sont parfaitement exécutées, et des marchands les vendent, en Angleterre, comme meubles anciens authentiques. Jusque-là, le mal n'est pas grand ; mais malheureusement on fait aussi des copies détestables, et en grand nombre, pour des marchands du côté de Montmartre ; des bourgeois achètent ces meubles sans mérite, bêtement confectionnés même. Il s'en fait aujourd'hui une quantité énorme. »

Un autre industriel de la catégorie du meuble, M. Sené, exprimait les mêmes doléances sur l'invasion du vieux et du vieux-neuf : « L'Union centrale, disait-il, a organisé des expositions plus ou moins vantées. Quand on y regarde de près, on reconnaît qu'elle a beaucoup plus encouragé le public à porter les préférences de son goût sur les objets anciens, qu'apporté des améliorations pouvant être signalées dans la fabrication actuelle, à ce point qu'aujourd'hui les personnes qui se font construire des demeures somptueuses ne recherchent plus pour les meubles que des choses ayant le caractère ancien. C'est là une tendance désastreuse pour nos industries d'art, contre laquelle il faut sans retard réagir. A la dernière exposition organisée par la Société, la partie réservée aux produits contemporains était composée pour les neuf dixièmes de copies d'objets qui se trouvaient exposés à son musée rétrospectif ; on se croyait retourné aux époques des Boule, Crescent, J.-B. Sené, Saunier et Riesener, tant leurs créations y étaient reproduites souvent.

De façon que presque tous ses exposants n'étaient que des copistes » (1).

Au sujet de la bijouterie et de l'orfèvrerie, un des chefs d'une des maisons les plus importantes de Paris, un membre du conseil d'administration de l'Union centrale, M. Falize, déposait en ces termes, moins vifs dans la forme, mais aussi explicites et aussi nets que ceux dont s'était servi le précédent industriel : « L'Union centrale a créé des musées d'objets rétrospectifs qui nous ont énormément aidés et qui ont un peu rattaché le travail moderne aux traditions du passé. Il y a cependant à cela une conséquence dangereuse : c'est l'engouement qui se manifeste pour le bibelot. Je ne voudrais pas causer de chagrin aux collectionneurs, mais je dois dire, voyant le travail des meilleurs ciseleurs,

____

(1) Par contre, dans l'exposition rétrospective les œuvres modernes présentées comme anciennes ne faisaient point défaut.

des graveurs de talent, délaissé par le plus grand nombre, on s'est porté vers un autre mode de fabrication, et vous savez, messieurs, qu'il existe aujourd'hui certaines pièces anciennes dont l'authenticité est très contestable. Il existe un public composé de quelques personnes de grand goût, qui ont rendu des services à l'art, mais aussi d'une quantité de moutons de Panurge qui ont emboîté le pas, qui s'en vont à l'Hôtel des Ventes, chez les marchands de bibelots, pour acheter en province ou à l'étranger des objets qu'ils se sont imaginé découvrir et qu'on surprendrait beaucoup si on leur disait que ces objets qu'ils croient anciens viennent d'être fabriqués à Paris. »

Avec M. Soyer, fabricant d'émaux, nous entrons dans le récit le plus pittoresque des fantaisies et des mésaventures des collectionneurs de vieux-neuf : « On me demande tous les jours, raconte-t-il avec beaucoup d'humour, des émaux anciens; il faut en faire. Je veux bien en faire, à la condition de signer: D'après un tel. Mais cela ne suffit pas. On envoie ces émaux à Amsterdam; de là ils vont à Francfort, ils acquièrent une notoriété, et, à l'Hôtel des Ventes, il se trouve des amateurs qui achètent ces émaux anciens. Il faut du courage, j'en ai; mais je commence à me fatiguer... On m'apporte un jour un émail représentant l'assassinat du duc de Guise, et on me demande si je puis le réparer. Je réponds : Oui, c'est facile ; il n'est pas éclaté, pas trop endommagé. Je reconstruirai ce point. — Comment ferez-vous ? — Comme j'ai fait quand j'ai fabriqué la pièce, — Comment ! j'ai acheté cet émail 10,000 fr.; vous n'avez pas la prétention de me faire croire qu'il a été fait chez vous? — Mon Dieu, si, c'est un dessin de Philippoteaux que j'ai

trouvé dans l'*Illustration*, et que j'ai arrangé.
Si vous voulez, je vais vous faire voir l'agran-
dissement. — Mais ce n'est pas possible.
C'était noir, c'était sale, quand je l'ai acheté,
et maintenant c'est propre ; vous ne savez pas
ce que j'ai passé de temps à le laver. — Oh !
je sais, c'est qu'on l'a culotté ; je vais vous
montrer le calque de votre pièce. Et j'ai été
obligé de le sortir de mes cartons. Je connais
à Amsterdam un collectionneur, dont je tairai
le nom, et qui a peut-être pour deux millions
d'anciennes tabatières, des émaux de Limo-
ges, de Léonard Limousin et de Pierre Rey-
mond. Il a acheté une assiette de Pierre Rey-
mond qu'il a payée 3,000 fr. Il avait chargé
un antiquaire de la lui trouver pour complé-
ter sa collection, parce qu'il en avait déjà
onze. Cette assiette a été vendue par moi 150
francs, et j'ai été obligé de lui prouver qu'elle
était marquée T. S. à un certain endroit.

Certainement c'est un collectionnneur qui a des connaissances en fait d'émaux. »

Dans une déposition de M. Moreau-Vauthier, statuaire et sculpteur sur ivoire, nous lisons à propos de la fabrication des vieux ivoires : « Le goût exagéré des bibelots anciens a créé aussi dans la sculpture sur ivoire un genre datant de vingt-cinq à trente ans, qui consiste à imiter les objets gothiques et de la Renaissance, statuettes, diptyques, triptyques, coffrets, etc., et à les couvrir d'une patine leur donnant l'aspect d'une chose ancienne; quelques-uns de ces objets ressemblent assez aux modèles qu'ils doivent imiter. Aussi bon nombre de ces bibelots apocryphes, dont l'achat à prix très élevé n'a pas profité aux producteurs, se voient-ils dans des collections d'amateurs sérieux; d'autres, car on en fabrique une très grande quantité, sont fort inférieurs et ne peuvent tromper que les amateurs ignorants, dont le nombre est malheureusement trop grand. Aussi cette déloyale fabrication, qui enrichit les uns, ne profite ni à l'industrie ni à l'ouvrier, parce que ces objets, pour la plupart, sont mal fabriqués, avec parcimonie et à prix de revient très bas. Ne serait-il pas utile de réagir contre ce métier malhonnête et nuisible, qui s'exerce au détriment de l'industrie artistique moderne et nationale? »

Je pourrais multiplier les citations du même genre, qui indiquent toutes, avec une précision éloquente, les conséquences néfastes pour les industries d'art parisiennes des excès de la mode de la curiosité. Ces conséquences sont de deux ordres : conséquences économiques et conséquences industrielles artistiques. La falsification tue la production sérieuse, qui n'a plus ni débouchés suffisants, ni rémunération satisfaisante, en raison de l'élévation considérable du prix de revente, qui profite seul à l'intermédiaire obligatoire, au détriment du truqueur et pasticheur, contraint de subir les exigences cruelles d'un métier inavouable et forcément discret. Par suite du dédain que professent pour les œuvres modernes les amateurs et l'armée immense des moutons de Panurge qui les imite, les ouvriers et les artistes des industries qu'atteint la falsification ne trouvent plus de travail et abandonnent leur métier. On peut redouter de voir disparaître ainsi, peu à peu, des industries qui ont fait la gloire et la fortune de Paris.

Si la situation déplorable que je signale avec anxiété était produite par une de ces évolutions économiques et sociales, impérieuses, inéluctables, qui modifient radicalement les conditions d'existence et de prospérité d'une industrie, la forcent à se transformer ou à disparaître, je devrais analyser scientifiquement cette évolution ; mais nous n'avons affaire ici qu'à une fantaisie de la mode, cette aimable et pittoresque personne, inconstante autant que capricieuse, qui, avec plus de désinvolture élégante que n'en avaient les fiers sicambres, brûle aujourd'hui ce qu'elle adorait la veille et adore ce qu'elle brûlait hier. L'éloquence de sentiment doit avoir plus de prise sur elle que celle de la statistique. Ne pourrait-on lui faire changer d'opinion à l'égard du vieux-neuf, en lui démontrant que cette passion des vieilleries est déjà elle-même bien vieille — ce qui est de fort mauvais ton — et qu'il serait d'innovation très originale et d'un contraste fort piquant de s'occuper désormais exclusivement de collection d'objets modernes ? La mode parisienne est en retard, elle se laisse devancer par l'étranger, dans cette transformation intéressante de ses caprices. En Angleterre, les filles de la reine Victoria, les grandes dames, s'occupent patriotiquement du patronage des écoles de broderie qui existent dans le Royaume-Uni ; le prince de Galles et ses frères encouragent, officiellement et avec une générosité qui excite l'émulation, les fabriques de céramique et de tapisserie.

L'aristocratie industrielle et financière collectionne, de préférence aux bibelots anciens, aux vieux tableaux, les œuvres des artistes industriels contemporains. La galerie de M. Morrisson, un véritable Mécène, est célèbre à Londres : elle contient pour près de deux millions d'œuvres de Zuloaga, le célèbre incrustateur sur métaux, l'auteur du tombeau du maréchal Prim, les plus beaux émaux modernes français, les meubles les plus remarquables des ébénistes anglais, entre autres de Jackson Graham, qui obtenait à l'Exposition de 1878 une des premières récompenses internationales. Les Viennois, les Allemands eux-mêmes sont plus intelligents et plus pratiques que nos industriels dans cette question ; ils choisissent dans leurs riches musées d'art et d'industrie des modèles originaux de vieux objets d'art, reliures, coffrets, cadres, etc. ; ils s'en inspirent avec goût, les imitent avec habileté et les vendent comme produits modernes avec une loyauté qui leur rapporte beaucoup d'argent. Depuis deux ans ils en ont inondé le marché français, les vitrines des marchands de tabletterie, de maroquinerie et d'articles de Paris !

Les artistes qui se plaignent aujourd'hui si amèrement de la crise, qui jettent aux architectes des malédictions cruelles parce que ceux-ci ne leur donnent plus d'hôtels à décorer, ne doivent-ils point faire loyalement un *mea culpa?* Ne sont-ils pas eux-mêmes les premiers auteurs de leur misère actuelle pour avoir mis à la mode les ateliers et les appartements, décorés, du plancher au plafond, de vieilles tentures, d'étoffes mauresques, de tapis, encombrés de turqueries, de chinoiseries, de japoneries; où il n'y a plus la moindre place pour une décoration murale, pour des panneaux, des plafonds, des dessus de porte en peintures, comme au xvii⁰ et au xviii⁰ siècle, sous le premier empire, la Restauration, Louis-Philippe et même sous le second Empire? Ils ont voulu faire de la curiosité et du bibelot à outrance; la curiosité et le bibelot ont tué la peinture et la sculpture ornementales.

Les grands éditeurs parisiens estiment également que la bibliomanie qui a sévi

en même temps que la curiosité sur la
population parisienne n'est pas étrangère
à la crise qui frappe le livre d'art et de
luxe.

CHAPITRE V

La renaissance artistique en Europe; L'art national français; Écoles d'art industriel; Urgence d'un musée national d'art industriel; La politique à l'Union Centrale; Un musée oriental à Paris; Théories sur l'organisation et la direction des musées artistiques.

Dans tous les pays d'Europe, il se produit en ce moment une grande et profonde agitation artistique : on crée des écoles, des musées, on développe l'enseignement du dessin et le goût pour les œuvres d'art. Comme, en raison des facilités de communications et de relations introduites dans le mouvement général par les chemins de fer, les percements de montagnes et d'isthmes, les différents peuples ont adapté à leurs mœurs, à leurs besoins sociaux, une certaine civilisation uniforme et collective; que, d'autre part, pour ces mêmes raisons, il s'établit une sorte de moyenne économique qui égalise à peu près les conditions de consommation, la nécessité s'est fatalement imposée aux uns et aux autres de chercher à conquérir une supériorité incontestable par l'originalité et par la valeur artistique de leurs produits. C'est ainsi qu'on peut expliquer rationnellement ce phénomène, qui se manifeste partout avec une intensité extraordinaire, d'une renaissance artistique nationale. Chaque nation, Antée moderne, semble vouloir reprendre des forces, se revivifier, en touchant son sol, en revenant à ses traditions du passé. L'érudition exhume tous les trésors artistiques cachés, en met en relief les beautés, en commente la filiation. On remonte aux sources les plus lointaines, on sonde les terrains les plus profonds pour recueillir les éléments d'une régénération féconde. Et à la fin de ce XIXe siècle, où, d'après les idéologues et les économistes, il devait s'opérer une fusion entre tous les peuples, où toutes les barrières élevées par les conventions politiques, par les mœurs variées, devaient s'abaisser, on voit poindre partout le particularisme le plus absolu, le nationalisme le plus vivace, qui se manifeste par l'art, cette émanation de l'esprit humain qui semblait devoir être le rayonnement éclatant de cette unité intellectuelle si ardemment rêvée dans les nouvelles Utopies.

Les peuples sentent instinctivement que l'heure est venue où, par suite de la diffusion

générale des sciences industrielles et commerciales, on ne pourra plus se défendre
contre l'invasion des voisins qu'en créant
entre tous les membres d'une race, d'une
nation, une solidarité étroite de besoins, de
désirs et de satisfactions, basés sur une harmonie parfaite de traditions, de goût et
d'imagination. Cette situation économique
imprévue, dont les conséquences graves sont
imminentes, impose impérieusement l'obligation d'apprendre au peuple ce qu'a été
son pays dans le passé, d'en exalter à ses
yeux la gloire artistique, en un mot d'élever
très haut le goût du peuple et de lui créer
des besoins nouveaux, des passions nouvelles.

De là, la nécessité des musées nationaux
dans toutes les provinces, de l'enseignement
de l'histoire de l'art dans toutes nos écoles
secondaires et primaires, et l'obligation de
la connaissance du dessin.

Cette renaissance nationale, que je considère comme un des éléments les plus actifs de la prospérité des industries artistiques étrangères, n'existe point à l'état purement scientifique et littéraire ; elle n'est pas circonscrite dans le domaine des dissertations platoniques des historiens et des critiques d'art; elle est entrée dans la période de l'application industrielle et artistique. A Berlin, des rues nouvelles entières nous en montrent la preuve, dans la construction et la décoration des maisons, dans les produits variés des industries d'art, notamment de l'industrie du fer forgé, de la décoration murale, de l'illustration des livres et de la papeterie, dont les produits inondent notre marché et donnent lieu à un commerce d'importation considérable. En Russie, l'architecture contemporaine a abandonné presque complètement les types des arts classiques pour revenir à l'art russe. Est-il besoin de rappeler quel succès a répondu en Angleterre et sur le Continent aux restitutions de styles anciens, tels que le style dit de la reine Anne, faites par les Anglais il y a quelque années? En Autriche, l'église votive, le nouvel hôtel de ville, l'Université de Vienne, et vingt autres édifices nouveaux ne témoignent-ils point d'une heureuse Renaissance? En Hongrie, les patrons de plusieurs fabriques de céramique, qui sont arrivés à un chiffre d'affaires considérable et qui importent annuellement, en France, pour plus de 3 millions de produits artistiques, reconnaissent devoir cette prospérité à l'emploi des éléments nationaux de formes et de décorations dont ils tirent le plus heureux parti.

Ne serait-il point opportun et utile de reconnaître que nous avons en France,

depuis quelques années, trop dévié de nos
traditions artistiques, que nous avons négligé
trop complètement nos modèles nationaux,
pour nous lancer dans des imitations de
produits exotiques, étrangers à notre goût
et à notre génie?

Depuis quelques années, il s'est fait en
France, une grande réforme pour l'enseignement du dessin. L'œuvre nationale qui
a été entreprise par M. Bardou et continuée
par M. Turquet, sous la direction d'un
des hommes les plus éminents que la péda-
gogie artistique ait comptés, M. Guillaume,
a donné des résultats excellents. Tous les
lycées et collèges de France ont aujourd'hui
des professeurs de dessin expérimentés;
il n'est pas une ville de quelque importance
qui ne soit dotée d'une école d'art, et dans
peu de temps les écoles normales d'insti-
tuteurs et d'institutrices seront en mesure

7.

de fournir à l'enseignement secondaire et à l'enseignement primaire un corps important de professeurs spéciaux. C'est là un progrès social dont les conséquences ne tarderont point à être appréciées. Mais cette réforme en appelle une autre, celle de la réforme de l'enseignement professionnel spécial. Dans tous les pays que j'ai visités, les écoles d'art industriel ont comme complément un enseignement professionnel très sévère ; aux classes de dessin sont annexés des ateliers et des laboratoires, où les élèves, munis d'une instruction artistique théorique et intégrale, font pratiquement l'application de leurs connaissances et de leurs idées. Comme complément et adjuvant de cette double instruction, la constitution d'un musée de modèles, soit en originaux, soit en copies, a été jugée partout indispensable. Quelques écoles qui s'étaient fondées sur le système de notre école nationale des arts décoratifs, d'où la pratique est exclue, ont renoncé à ce système et organisent des laboratoires professionnels; je citerai entre autres, comme exemple le plus important de cette réforme, l'École des arts décoratifs qui est annexée au Musée d'art et d'industrie de Berlin. Cette réforme est chez nous d'autant plus urgente et indispensable qu'il résulte de tous les témoignages recueillis dans les enquêtes officielles sur la situation des industries d'art (1), que l'apprentissage n'existe plus dans les ateliers et les usines, que le recrutement des contremaîtres et chefs d'atelier munis d'une solide instruction artistique est devenu très difficile. La ville de Paris a déjà organisé des écoles professionnelles, des écoles d'ap-

(1) Voir les procès-verbaux de la Commission d'enquête sur les ouvriers et les industries d'art instituée par décret du 4 décembre 1881.

prentissage pour quelques industries; cela n'est point suffisant. La réforme doit être généralisée; elle doit comprendre toutes les écoles d'art décoratif organisées par l'Etat et par les communes.

J'ai remarqué, à l'étranger, que les directeurs des écoles d'art et d'industrie cherchaient avec la plus grande préoccupation à ne point tomber dans l'erreur, qui a été souvent reprochée aux écoles de ce genre, de n'être que l'antichambre des écoles supérieures d'art; de donner à leurs élèves une éducation artistique qui les détachait du métier manuel et leur inspirait ainsi une ambition hors de mesure avec leur position et avec leurs besoins. C'est dans ces conditions que la création des ateliers et l'obligation imposée à tous les élèves d'en faire partie ont été jugées indispensables et sont devenues le complément de l'enseignement de l'art industriel.

En résumé, à l'étranger, on s'occupe moins de former, comme nous le faisons, des artistes industriels, des dessinateurs de profession et des candidats aux écoles supérieures, que d'excellents artisans et ouvriers munis d'une solide éducation artistique. C'est dans cet esprit que s'opère en ce moment, notamment en Allemagne, la grande réforme de l'enseignement primaire du dessin industriel, inaugurée par M. O. Jessen. Tous les pays d'Europe possèdent aujourd'hui des musées d'art industriel prospères ; je les ai visités et étudiés dans les deux missions qui m'ont été confiées dans ce but par le ministère de l'instruction publique et des beaux-arts. Ils tiennent la première place parmi les causes de la Renaissance industrielle et artistique qui s'y est opérée. En France, nous ne possédons encore aucune institution nationale de ce genre. La Société qui s'est attribué la mission de fonder à Paris un musée des arts décoratifs ne peut parvenir, en dépit de ses millions, à tirer de la région des conceptions nébuleuses et fugitives un projet pratique et sérieux. Son patriotisme et son dévouement aux intérêts artistiques ne sauraient, certes, être mis en cause; mais elle a laissé pénétrer chez elle et dominer, la politique qui stérilise tout et substitue au travail modeste et fécond les intrigues et les ambitions malsaines. Et c'est un grand malheur pour l'œuvre nationale à laquelle elle s'était consacrée avec tant de zèle et de désintéressement, et qui s'en trouve compromise gravement.

L'organisation d'un musée d'art et d'industrie serait une organisation surannée, en retard de quinze années, et ne répondant plus aux besoins de l'industrie artistique et aux exigences du commerce actuel, si on voulait en faire un musée moins pour les ouvriers industriels, les artisans et les artistes que pour le public; se basant sur cette théorie fausse en l'espèce et d'autant plus dangereuse qu'elle est exacte en principe général d'éducation sociale, qu'il faut avant tout former et développer le goût du peuple. Cette dernière mission doit être aissée aux musées nationaux, tels que le Louvre et Cluny, les plus merveilleux en ce genre qui existent au monde et que l'étranger nous envie, ce que je déclare hautement, en dépit de l'apparence ridicule de l'expression consacrée par l'ironie humoristique du journalisme parisien. Le musée d'art et d'industrie doit être le complément des écoles spéciales. Il leur fournit les éléments d'étude, les exemples de bon goût, d'élégance à suivre. Il est pour les industriels, pour les chefs

d'ateliers, le Conservatoire général des modèles à exploiter, des chefs-d'œuvre de tous
temps, de tous pays qui leur serviront de sujets d'inspiration ; et s'ils ne devaient y trouver exclusivement que des pièces rares, de
haut prix, inconnues, appréciées particulièrement des érudits, des savants, des archéo-
logues et des curieux, sa création serait inutile, néfaste peut-être pour 'cs intérêts nationaux. Quand le conservateur du musée aura
signalé à un chef d'industrie un produit artistique nouveau, moderne, venu de Chine,
du Japon ou du Turkestan, dont la reproduction pourra donner matière à une fabrication importante, soit pour l'exportation,
soit pour le commerce intérieur, il aura incontestablement rendu plus de services et
justifié plus sérieusement de l'utilité de son
musée, qu'en acquérant pour une somme
élevée quelque œuvre ignorée du x⁰ siècle,

qui fera uniquement l'admiration platonique de la Société des antiquaires ou de l'Académie des inscriptions et belles-lettres. Les musées d'art et d'industrie étrangers ont donné aux personnes qui les ont visités superficiellement une illusion fausse sur leur caractère réel. La présence de nombreuses œuvres d'art anciennes qui proviennent de collections princières, de dons et d'acquisitions extraordinaires, a fait croire que ces musées justifiaient les théories qui paraissent avoir cours chez nous sur l'organisation et le fonctionnement de ces institutions. Le Musée de Cluny et celui du Louvre ont seuls inspiré la création de la partie rétrospective de ces musées. A côté, caché sous ses apparences extérieures modestes, fonctionne le vrai musée d'art et d'industrie, organisé technologiquement, dont les modèles vont et viennent des écoles aux ateliers, sont exportés en pro vince et alimentent toute l'industrie nationale.

Cette question de l'organisation des musées ambulants est celle qui préoccupe le plus à l'étranger. Tous les musées qui ont été fondés dans d'autres principes sont à la veille et en voie de transformation complète. Je citerai, entre autres, le Musée de Berlin.

Cette organisation nouvelle, destinée à favoriser de la façon la plus pratique les intérêts des artistes et des chefs d'industrie, implique l'adoption d'un système de direction des musées entièrement nouveau et qui va à l'encontre de nos idées actuelles sur ce sujet. L'érudition ne doit plus y jouer un rôle exclusif; le directeur d'un musée d'art et d'industrie a le devoir de n'ignorer ni l'économie politique, ni la géographie, ni la science industrielle; et s'il est très apte à mentionner sur un catalogue ou sur une pancarte les provenances, les dates et les attributions d'une faïence ancienne, il ne saurait plus désormais dédaigner d'inscrire au bas d'une étoffe moderne d'Orient ou d'Occident, d'une pièce de céramique, d'un bronze, etc., tous les renseignements commerciaux et industriels qui peuvent servir à un chef d'usine pour en connaître les procédés de fabrication, les conditions de vente et l'importance au point de vue de l'exportation ou du commerce intérieur. On ne pourrait choisir mieux actuellement, comme modèle de ce genre, que le Musée oriental de Vienne. Objectera-t-on que la création et l'exploitation d'un musée d'art et d'industrie doivent être entièrement indépendantes de celles d'un musée commercial, en prenant pour raison que, jusqu'ici, l'un et l'autre ont toujours été séparés? Je répondrai que cette distinction anormale est précisément la conséquence fâcheuse des fausses théories que nous avons sur les musées d'art et d'industrie, qu'elle provient en outre de l'erreur déplorable que nous commettons à donner dans ces musées une importance prédominante à l'érudition, aux objets de curiosité et aux œuvres anciennes; et du préjugé qui ne permettrait point à un érudit et à un artiste d'être un économiste se préoccupant des intérêts commerciaux et industriels de son pays. La création des écoles professionnelles sera un grand progrès dans cette voie. Ces écoles fourniront des artistes qui n'ignoreront pas les conditions technologiques et économiques des industries auxquelles ils seront appelés à collaborer, et les chefs d'industrie n'auront plus désormais, sans doute, à supporter les cruelles déceptions qu'ils ont presque toujours trouvées jusqu'ici à employer des artistes éminents auxquels toute technologie spéciale était étrangère.

Le jour où un directeur de musée d'art et d'industrie, ayant fait l'acquisition d'une œuvre moderne, pourra la montrer aux chefs d'industrie en leur donnant des renseignements précis sur sa provenance, l'analyse de sa matière, son prix de revient, son prix de vente, les conditions de son exportation, il aura justifié par des services sérieux la création de ce musée. Il en est ainsi dans tous les pays que j'ai étudiés. On ne s'y contente point de faire des musées des abbayes de Thélème, des académies d'érudits et de dilettantes : ces musées sont des centres d'activité incessante, de travail constant, en communauté absolue d'études, de recherches, d'innovations, avec les sociétés d'industriels et d'artistes dont ils ont provoqué la fondation ou qu'ils ont attirées à eux. La capitale où ils sont installés n'a point le monopole de leurs collections. Missionnaires infatigables, ils s'en vont dans les grandes villes, comme dans les petites, partout où il y a des industriels et où ils peuvent rendre service, porter leur enseignement par des expositions de modèles et par des conférences. Ils sont en rapports directs avec toutes les écoles de l'État, dont ils alimentent les collections artistiques et sur lesquelles ils exercent ainsi indirectement une influence considérable, constante. Pour qu'un musée d'art et d'industrie puisse remplir une mission aussi vaste, aussi importante, pour qu'il ait toute l'autorité d'imposer aux écoles et aux associations ses idées et son initiative, il est indispensable qu'il soit une institution d'État dotée d'un budget considérable et possédant une unité de direction en harmonie avec la direction suprême de l'enseignement national. Le gouvernement allemand a dissous en 1885, au mois d'août, la Société qui possédait depuis plus de vingt ans le musée d'art et d'industrie, et il a fait de cet établissement une institution officielle. J'ai exposé les réformes qui ont suivi cette mesure radicale et qui ont permis de réaliser aujourd'hui à Berlin le musée modèle ci-dessus.

Les Musées d'art et d'industrie de Vienne, de Munich, de Nuremberg, de Pesth, de Rome, de Cracovie, de Lemberg, de Moscou, sans compter ceux des villes moins importantes de l'Autriche, de l'Allemagne, de l'Italie, de la Russie, relèvent exclusivement des ministères publics, sont des établissements d'État. Les musées de Pétersbourg, de Naples, de Venise, de Florence, le Musée oriental de Vienne, fonctionnent sous le contrôle direct, avec le patronage officiel, et à l'aide de subventions considérables des gouvernements.

Tous les musées d'art et d'industrie donnent dans leurs collections une grande place aux arts industriels de l'Orient. Ils poursuivent en cela deux buts : fournir aux artistes européens des sources nouvelles d'inspirations et d'études, créer une industrie nationale d'exportation en Orient. Depuis dix ans, l'Autriche possède cette industrie, dont le Musée oriental, fondé après l'exposition de 1873, a été l'initiateur ; elle alimente presque exclusivement aujourd'hui les provinces danubiennes, la Turquie d'Europe, l'Asie occidentale, où elle contrebalance et annule même sur certains points l'exportation française, jadis si prospère. La Russie qui, tous les jours, devient de plus en plus une puissance asiatique, se préoccupe avec activité de s'outiller industriellement pour rendre tributaires de son commerce et de son industrie tous ces pays nouveaux avec lesquels elle a des affinités de traditions artistiques qui rendent facile une rapide assimilation économique. Elle trouve en outre, dans l'étude de ces arts de l'Orient d'où il dérive si sensiblement, des éléments précieux pour son art national, pour la renaissance qu'elle a l'ambition de produire chez elle et de rendre éclatante. L'Allemagne ne se désintéresse point de ce mouvement artistique de l'Europe vers l'Orient ; depuis quelques années, ses musées acquièrent, aux prix même les plus élevés, toutes les collections artistiques orientales. Il n'est point admissible, pour qui connaît l'esprit pratique de ceux qui dirigent les musées, que ces acquisitions onéreuses aient été exclusivement motivées par l'ambition de posséder des œuvres d'art, à l'usage particulier des dilettantes et des curieux. Nous possédons l'Indo-Chine, nous conquérons le Tonkin, nous sommes en Annam, dans le Cambodge, nous avons des relations constantes avec le Japon, avec la Chine, et notre influence commerciale, en dépit de la concurrence de l'Allemagne, de l'Autriche et de l'Angleterre, est encore importante dans l'Asie Mineure et la Turquie. Nos industriels et nos négociants ne considéreraient point certainement comme inutile un établissement national où ils pourraient trouver sans frais, sans pertes de temps, les types et les modèles des produits variés à importer avec bénéfices dans toutes ces régions.

Nous avons en France tous les éléments pour la constitution du Musée oriental le plus intéressant: Fontainebleau contient une collection importante, entièrement inutilisée qui provient du palais d'eté de l'empereur de Chine; dans nos musées nationaux sont éparses des pièces de grande valeur. M. Cer-nuschi a fait don à la ville de Paris, avec une générosité patriotique, de ses belles collections d'œuvres d'art de la Chine et du Japon. Les expéditions scientifiques et artistiques à l'intérieur de nos nouvelles possessions d'Orient produiront sans aucun doute des découvertes artistiques précieuses. La création d'un établissement national analogue à l'institution de Vienne ne présenterait donc point de sérieuses difficultés et ne constituerait pour le budget de l'État aucune charge onéreuse.

On vient de voir quelle est la situation actuelle de l'industrie artistique en France; examinons avec impartialité l'état de la crise dans les autres principaux pays d'Europe.

CHAPITRE VI

ANGLETERRE.

La crise en Angleterre ; Analyse de la crise ; Un discours de M. Goschen à Manchester ; L'opinion du Cobden-Club ; Le commerce extérieur de l'Angleterre pendant ces dernières années.

Le bilan commercial de l'Angleterre, pour l'année 1885, accuse une notable diminution sur les chiffres des importations et des exportations. Les chiffres définitifs font ressortir à 15,490,235 livres la perte sur les importations et à 25,032,648 livres la perte

8.

sur les exportations, comparativement à l'année 1884. Déjà, en 1884, le tableau général du commerce signalait une diminution de 25,146,000 livres sterling sur la moyenne des quatre années précédentes, dont 3,225,000 livres pour les exportations. Y a-t-il dans ces chiffres, la preuve d'une crise profonde ? Les protectionnistes disent oui, et les libres-échangistes disent non. Le Cobden-Club prétend (1) que la diminution du commerce extérieur de l'Angleterre tient d'abord à l'abaissement des prix d'un grand nombre d'articles importants, tels que le fer, la houille, les produits chimiques, les cotonnades et ensuite aux bonnes récoltes qui ont eu pour conséquence une diminution considérable dans les importations des céréales. A son avis, le commerce de l'Angleterre

1) Publication du Cobden-Club : Trade depression recent and resent by Augustus Mongredien.

n'a pas subi de diminution véritable, mais un déplacement sous l'influence de l'accroissement des rendements agricoles, qui aurait affecté exclusivement les industries commerciales vivant du commerce extérieur, docks, transports, banques, maisons de commission, etc. M. Raffalowitch, analysant dans le *Journal des économistes* les dépositions contenues dans le premier fascicule des rapports de la Commission royale d'enquête sur la crise commerciale, instituée le 29 août dernier, résume ainsi l'impression qu'il en a éprouvée : « Le commerce de l'Angleterre a grandi en volume, la dépréciation de la plupart des articles amène une contraction dans la valeur, tandis qu'il y a une expansion quantitative considérable. On importe davantage, on fabrique davantage, on exporte davantage, il n'y a pas de ralentissement dans l'activité industrielle et commerciale ; mais les bénéfices sont moindres, il faut remuer plus de marchandises, si l'on veut atteindre un gain égal à celui des grandes années ». A l'appui de leur opinion optimiste, les partisans de cette théorie signalent la continuation de l'accroissement général du bien-être, l'augmentation de la consommation des articles de confort, des dépôts aux caisses d'épargne. Dans un discours prononcé le 24 juin dernier à la Chambre de commerce de Manchester, M. Goschen, qui avait refusé de faire partie de la Commission royale d'enquête, disait à ce propos : « Grâce à la variété des industries que l'on exerce dans le Royaume-Uni et à la prospérité d'un certain nombre des plus importantes, il s'est établi une compensation telle que le chiffre total de l'income-tax n'a pas diminué. Au cours de la période où les bénéfices des négociants et des industriels se trouvaient diminués, les classes laborieuses augmentaient considérablement le chiffre de leurs épargnes dans les Caisses d'épargne et les Sociétés de secours mutuels. Au nombre des autres signes de la richesse se trouve la capacité de consommation du pays. Sur ce point, les statistiques sont satisfaisantes.

« La population a bu plus de thé qu'en aucune année antérieure, elle a consommé plus de sucre, parcouru plus de milles en chemin de fer, acheté plus de tissus de laine et de coton aux fabriques anglaises, employé autant de domestiques, pris autant de permis de chasse et possédé autant de voitures.

« On ne constate de diminution dans aucune des dépenses des classes laborieuses ou moyennes, sauf une où la diminution est importante : c'est la consommation des alcools.

« On n'en boit plus que 10 verres au lieu

de 13 en 1875, année de la plus forte consommation.

« Pendant les 4 ou 5 dernières années, on
a retranché un verre sur 10.

« En ce qui concerne le tabac, on a retranché un cigare ou une pipe sur 35, ce qui
provient peut-être de l'augmentation des
droits.

« La statistique du paupérisme montre
que pendant les 15 dernières années le nombre des indigents a diminué de 5 pour 100
du chiffre total de la population qui était de
22 millions pour l'Angleterre et le pays de
Galles, à 3 pour 100 du chiffre actuel qui est
de 27 millions.

« Il y avait un million d'indigents et il n'y
en a plus que 700,000.

« Le nombre des indigents valides des deux
sexes a diminué de 180,000 à 95,000.

« A l'époque des crises précédentes on se

plaignait à grands cris de la disette des capitaux.

« Personne ne peut aujourd'hui contester leur abondance.

« Quelques personnes se plaignent même de la surabondance des capitaux dans quelques-unes des industries anglaises. Si les capitaux sont à très bon marché, ce ne doit pas être les négociants et les industriels qui en souffrent, mais les capitalistes qui ont grand'peine à tirer un revenu de leur capital.

« Les colonies empruntent à 4 pour 100 et 3 1/2 pour 100 l'argent qu'elles empruntaient à 6 pour 100.

« Les villes empruntent à un taux plus bas qu'elles ne l'ont jamais fait auparavant.

« Les emprunteurs sérieux et solvables se trouvent dans une situation très avantageuse.

« Que démontre le bon marché du capital?
C'est que l'épargne du pays a augmenté pro-
gressivement et que l'on a apporté plus de
prudence qu'autrefois dans le choix des placements.

« Les emprunts d'États étrangers absor-
baient autrefois une partie notable du capital
anglais, mais depuis quelques années, il n'y a
eu presque aucune augmentation dans les bénéfices provenant de ce genre de placements.

« L'épargne a pris une autre direction.

« On l'a consacrée aux affaires (1).

« Il n'y a pas lieu de le regretter. Il en est
résulté une circulation plus active du capital

(1) C'est particulièrement en sur point que la crise française
paraît différer de la crise qu'on attribue à l'Angleterre. « L'augmentation que nous relevons dans le nombre des sociétés nouvelles et dans le chiffre des apports sociaux est trop peu important
pour qu'on en puisse inférer que la reprise des affaires est prochaine ». (Discours de M. Michau, président du Tribunal de
commerce de Paris, prononcé le 17 janvier 1886.)

et une augmentation du nombre des intéressés aux entreprises industrielles.

La démonstration du Colben-Club, de
M. Goschen et des déposants de la Commission d'enquête est plausible ; elle repose sur
des arguments d'une valeur évidente. L'Angleterre se trouve aujourd'hui, incontestablement, en présence de l'évolution d'un grand
phénomène économique et social, la démocratisation du capital industriel : de là une
crise profonde dont les conséquences sont
diversement constatées et appréciées suivant
l'opinion politique et économique des écrivains et des économistes qui s'en occupent.
L'observation exacte de ce phénomène a
pour nous une importance très considérable,
car des erreurs pourraient nous illusionner
dangereusement sur la situation réelle du
commerce et de l'industrie de l'Angleterre, et
nous faire fausser la conduite économique

que nous avons à tenir pour en tirer parti.

Quoi qu'il en soit des causes de la crise actuelle, l'Angleterre ne songe point sérieusement à renoncer au libre-échange qui a fait la prospérité immense de son commerce et de son industrie. Elle observe attentivement, mais sans terreur ni affollement, les progrès des autres nations ; elle en étudie les conditions et les causes pour les apprécier en vue de l'amélioration de son outillage industriel et de son organisation commerciale. Les écoles professionnelles et de dessin industriel se multiplient ; l'enseignement artistique prend une extension incessante, et le gouvernement se préoccupe avec instance de faciliter à ses négociants la conquête des marchés extérieurs.

Il vient d'adresser à ses représentants à l'étranger un questionnaire portant sur l'établissement, dans leur circonscription, de musées commerciaux, dépôts d'échantillons, agences d'exportation. Chacun des représentants devra indiquer la nature de l'établissement à créer, les conditions qu'il devrait remplir et les dépenses qu'il nécessiterait. Devant la Commission royale d'enquête, les représentants des Chambres de commerce ont réclamé énergiquement une réorganisation du service consulaire, plus conforme aux intérêts commerciaux du pays et l'institution dans toutes les villes industrielles de musées spéciaux de commerce et d'industrie.

Le tableau du commerce extérieur de la France, pendant les années 1884 et 1883, donne les chiffres suivants comme objets fabriqués, pour les relations commerciales entre la France et l'Angleterre :

	En 1883.	En 1884.
Importations d'Angleterre en France....	401,250,000 fr.	367,149,144 fr.
Importations de France en Angleterre....	535,042,091 fr.	464,595,213 fr.

Soit, pour nos exportations, une différence en moins de 70,446,878 francs, et pour les importations anglaises une différence de 34,100,856 francs. La diminution de nos exportations en Angleterre porte principalement sur la soierie, en baisse de 17 millions; sur les cotonnades, de 4 millions; sur les modes en fleurs, de près de 8 millions; la bijouterie fausse, de plus de 5 millions. Les Anglais ont importé en France 2 millions et demi de moins de soieries, 6 millions de moins de plumes de parure.

Les pays où l'Angleterre est le plus en baisse comme exportations en dehors de la France, sont l'Allemagne, où l'Angleterre a perdu, de 1872 à 1882, plus de 13 millions

de livres sterling; les Etats-Unis 7 millions;
la Turquie près de 2 millions; les Pays-
Bas 8 millions; le Japon 1 million sur 1880;
la Chine plus d'un million sur la même
année.

Les diminutions d'exportations pendant
l'année 1885 portent principalement sur les
fils et tissus, 7,992,933 livres sterling, et sur
les métaux et ouvrages en métaux, 5,451,968
livres. Là est la crise industrielle et commerciale de l'Angleterre.

CHAPITRE VII

ALLEMAGNE.

Progrès immenses de l'Allemagne ; La guerre industrielle contre la France ; Ses institutions nationales pour le développement des industries ; Les écoles d'art ; L'expansion des Allemands ; Les Allemands en France ; Comment les Allemands font le commerce ; L'Allemagne industrielle et son commerce avec l'Angleterre, l'Italie, l'Espagne, les États-Unis, l'Amérique du Sud et l'extrême Orient.

Il serait dangereux de se dissimuler les progrès immenses accomplis depuis dix ans en commerce et en industrie par l'Allemagne ; on ne peut combattre avec entrain et avec avantage un ennemi, qu'en connaissant exactement sa force numérique et sa valeur morale. Les exportations allemandes qui étaient en 1872 de 2,492,195,000 marks, ont atteint en 1883 le chiffre de 3,335,000,000 marks, et depuis ce temps elles ont toujours été en croissant. La population suivait la même progression : en 1872, elle était de 41,228,000 habitants; en 1883, elle atteignait le chiffre de 45,862,000; aujourd'hui elle dépasse 46 millions, en dépit des émigrations considérables, sinon progressives. Depuis 1870, l'Allemagne s'est couverte, du nord au sud, d'usines, de manufactures, comprenant toutes les branches d'industrie; elle inonde le monde entier, la Chine elle-même, de ses agents et commis voyageurs. Sa marine, qui était, en 1870, une des dernières du monde, a conquis en quinze ans pour la marine à vapeur le troisième rang (1), côtoyant

(1) Cette augmentation a pour origine la constitution de l'Empire allemand.

de très près la France comme tonnage (410,064 tonnes, Allemagne, contre 498,646 tonnes, France); pour la marine à voiles elle a le quatrième rang, alors que la France n'occupe que le sixième; comme puissance totale de transports marchands, elle vient après l'Angleterre et les États-Unis, devançant la France.

M. de Bismark s'est fait ministre du commerce de l'empire allemand, montrant ainsi qu'après les conquêtes militaires, il préparait pour l'Allemagne les conquêtes commerciales et industrielles.

J'ai fait connaître la déclaration officielle prononcée par le prince impérial d'Allemagne au moment où il inaugurait le Musé d'art et d'industrie de Berlin : « Nous avons vaincu la France en 1870 sur les champs de bataille de la guerre, nous voulons la vaincre aujourd'hui sur les champs de bataille du commerce et de l'industrie (1). » L'Allemagne a préparé cette guerre nouvelle avec toute la précision scientifique qu'elle avait apportée dans l'organisation de la guerre de 1870. Et les fameux milliards, enfermés, suivant une légende très habilement propagée, dans la tour de Spandau, en prévision d'une revanche prochaine, ont été employés à cette œuvre. M. de Bismark a fait à outrance, à sa façon, du socialisme, créant aux frais de l'État des industries nouvelles, subventionnant des entreprises privées, mettant tous les chemins de fer de l'État au service de l'industrie et du commerce allemands, par un abaissement considérable des tarifs de transport. D'autre part, il se créait des syndicats puissants d'industriels et de commerçants exploitant savamment les avan-

____

(1) *Nos industries d'art en péril,* 1883.

tages de l'association, organisant contre la France une concurrence écrasante par une coopération de sacrifices temporaires, pour imposer à l'étranger leurs produits et ruiner leurs adversaires. Et ce n'est point contre nous seuls que l'Allemagne lutte aujourd'hui ; c'est contre l'Angleterre, contre les États-Unis ; elle a l'ambition de devenir la première nation commerciale et industrielle du monde. Les Anglais constatent eux-mêmes qu'elle a porté déjà atteinte à leur suprématie. Dans le discours prononcé au mois de juin dernier à la Chambre de commerce de Manchester, dont je viens de parler, M. Goschen faisait les déclarations suivantes : « Il ne faudrait pas considérer, comme à l'abri de toute atteinte, dans l'avenir, la suprématie industrielle qui a appartenu jusqu'à ce jour à l'Angleterre. L'avantage d'avoir commencé la première tend à disparaître à mesure des progrès accomplis ailleurs. En ce qui concerne la houille, que se passe-t-il à l'étranger ? Les houillères allemandes ont fait de grands progrès. En 1861, l'Allemagne produisait 18 millions de tonnes et l'Angleterre 80 millions. Depuis cette époque l'Allemagne a augmenté de 18 à 72 millions de tonnes et l'Angleterre de 80 à 160 millions. Elle a doublée sa production pendant que l'Allemagne l'a quadruplé. L'industrie allemande du fer a bénéficié du progrès des houillères. De 1880 à 1883, elle a augmenté considérablement ses exportations, et sa concurrence est devenue gênante. Pour l'industrie cotonnière, on sait que l'augmentation de la consommation du coton a pris une proportion plus considérable en Allemagne et aux États-Unis qu'en Angleterre. Bien que l'on fasse des progrès en Angleterre, on en fait de plus rapides ailleurs et l'avenir appartient aux pays non anglais. »

La guerre de 1870 a été pour l'Allemagne en ce siècle ce qu'avait été pour elle il y a deux cents ans la révocation de l'édit de Nantes. Les milliers d'Allemands qui étaient établis en France, y exerçant avec habileté et succès tous les genres d'industrie et de commerce, sont rentrés en Allemagne et y ont appliqué, au profit de l'empire, leur expérience et leur activité. Ils ont fondé des usines, des manufactures, des maisons de commerce et d'exportation et sont devenus ainsi nos concurrents acharnés en Allemagne et sur les marchés extérieurs.

Le gouvernement, les municipalités, les associations industrielles et commerciales ont demandé à l'instruction publique développée dans toutes les branches des connaissances humaines, dans tous les métiers et dans toutes les professions, les moyens d'entrer rapidement en concurrence sérieuse contre les nations plus privilégiées comme génie national, comme traditions de goût et d'invention. Partout, dans les plus petites villes, dans les villages même, comme dans les grandes cités ont été créées des écoles professionnelles, d'apprentissage, de dessin primaire, des écoles de commerce, d'industrie et d'art. L'Allemagne comptait plus de 50 écoles commerciales, alors qu'en France il y en avait quatre! L'État dépense près de 8 millions annuellement pour ces diverses institutions. En outre des musées commerciaux et d'industrie d'art qui existent dans tous les grands centres, il a été créé à Berlin, depuis dix-neuf ans, une institution nationale, le Musée des arts décoratifs, dont nous attendons encore en France la fondation. Cette institution, modeste aux débuts, est devenue aujourd'hui une œuvre colossale dont l'État a pris la direction depuis six mois; son action, qui était circonscrite à la ville de Berlin, va s'étendre désormais dans tout l'empire. Ses collections ne seront plus immobilisées à Berlin, l'État a décidé de les mettre à la disposition des musées et des écoles de province, des municipalités des centres de production d'industries artistiques qui justifieront de l'utilité d'une exposition temporaire de modèles pour ces industries. Ainsi, au moment où je visitais le Musée, lors de mon dernier voyage à Berlin, au mois d'août 1885, on organisait à l'intention des écoles de Crefeld une exposition de modèles d'étoffes, qui devait durer trois mois et dont les éléments étaient fournis en majeure partie par le Musée de Berlin. Et ce mouvement intellectuel en vue de l'extension du commerce et de l'industrie en Allemagne ne s'arrête point. On se préoccupe constamment de le développer.

Il y a vingt ans, M. Jessen, ingénieur civil, fondait à ses frais, à Hambourg, une école spéciale pour expérimenter une nouvelle méthode d'enseignement primaire du dessin. L'expérience donna des résultats si importants que la ville de Hambourg, au bout de deux ans, prit l'école de M. Jessen à sa charge et lui consacra un budget annuel de 70,000 marks. En 1875, en présence du chiffre de plus en plus considérable des élèves, elle faisait construire pour l'école et pour le Musée d'art et d'industrie qu'elle y a annexé un immense édifice qui a coûté 3 millions de marks. L'école compte aujourd'hui 2,000 élèves.

En 1881, la municipalité de Berlin a appelé M. Jessen et lui a confié la direction de plusieurs écoles de dessin municipales pour y appliquer son système ; elle a voté à cet effet un budget de 40,000 marks, auxquels l'État a joint une subvention de 18,000 marks.

Actuellement, M. Jessen a la direction de quatorze écoles. L'expérience nouvelle de son système étant concluante, il va être appliqué incessamment dans toutes les écoles municipales, et l'État se propose d'en faire le but d'une réforme générale de toutes les écoles de dessin de l'empire. Déjà Idelsheim et Dantzig ont organisé des écoles de ce genre. Une ordonnance impériale rendue au mois de décembre dernier, rattache au ministre du commerce toutes les écoles professionnelles et commerciales de l'empire, afin de leur imprimer une direction plus active et plus effective encore, sous le contrôle direct du prince de Bismark. Il y a un an, la Chambre de commerce de Francfort a émis à l'unanimité et en des termes pressants, le vœu que les manufactures royales de Berlin et de Meissen soient réorganisées sur le modèle de la manufacture de Sèvres, et qu'à l'exemple de l'institution française ces manufactures exécutent désormais, exclusivement des œuvres d'art destinées à servir de modèles à l'industrie privée.

Sur l'initiative de M. de Bismarck, une Académie orientale va être créée à Berlin sur le modèle de l'École des Langues orientales vivantes à Paris et de l'Institut oriental à Vienne. Elle sera liée à l'Université, dont elle dépendra hiérarchiquement. Un crédit pour cette fondation est demandé au Landtag prussien.

Au point de vue économique et social, les institutions de crédit industriel, les banques populaires, les sociétés coopératives de consommation et de production sont innombrables et s'étedent dans toute l'Allemagne.

La puissance d'expansion extérieure de l'Allemagne est devenue formidable ; elle est peut-être aujourd'hui supérieure à celle de l'Angleterre : on trouve les Allemands sur tous les points les plus reculés du globe, comme colons, entrepositaires, commissionnaires, explorateurs, agents commerciaux et touristes. D'après le dernier tableau dressé par l'office impérial de statistique, il y a à l'étranger 2,507,886 Allemands, nés en Allemagne, domiciliés en divers pays, sujets allemands voyageant ou installés temporairement.

Tous ces émigrants sont autant de consommateurs pour la mère patrie, de missionnaires ardents de son influence politique, de ses goûts et de son industrie. Il existe entre eux une solidarité étroite de patriotisme et d'intérêts.

Aux États-Unis on n'estime pas à moins

de 7 millions le chiffre des Allemands naturalisés. La France tient le deuxième rang dans l'émigration allemande ; elle compte 81,988 Allemands, qui se divisent ainsi comme professions :

Professions.	FRANCE		
	Hommes.	Femmes.	Total.
Chefs d'établissements industriels..............	908	336	1.244
Banquiers, négociants.. ..	1.576	645	2.221
Commis ou employés......	4.218	2.307	6.525
Ouvriers et employés { de l'agriculture....	2.936	1.492	4.428
des mines de la grande industrie.....	6.796	3.012	9,808
de la petite industrie...............	9.208	6.686	15.894
Professions libres	911	1.196	2.107
Propriétaires et rentiers...	1.375	1.721	3.096
Professions diverses.......	5.430	8.089	13.519
Personnes sans profession (enfants, femmes et vieillards).......	7.421	14.511	21.932
Professions inconnues	468	746	1.214
Totaux........	41.257	40.741	81.988

D'après l'*Annuaire statistique de la ville*

de Paris, en 1881, au dernier recensement officiel il y avait à Paris 31,300 Allemands. dont 3,219 dans le 19⁰ arrondissement.

L'influence commerciale de l'Allemagne à l'étranger provient des aptitudes et de l'activité prodigieuse de ses nombreux agents qui sillonnent tous les pays, et à force de persévérance, d'insinuations, arrivent à pénétrer partout profondément. A cet égard les Allemands pourraient être pris par nous comme modèles ; si nous sommes en droit de refuser de leur reconnaître, même dans la fabrication des objets d'usage ordinaire, la supériorité industrielle qu'ils prétendent avoir acquise, nous ne pourrions, sans aveuglement, nier les qualités supérieures des représentants de leur commerce ; connaissances variées et étendues, activité infatigable, audace mêlée de prudence, ténacité et esprit d'entreprise.

Ils trouvent en outre dans tous les représentants officiels de l'Empire, ambassadeurs et consuls, un appui moral et matériel, une protection vigilante de leurs droits et de leurs intérêts que leurs concurrents français ne rencontrent point toujours chez les fonctionnaires de leur nationalité. L'Allemagne lutte ainsi avec avantage sur tous les points du monde contre ses concurrents et c'est en cette raison, que son commerce d'exportation a doublé depuis quinze ans.

L'Allemagne est devenue pour l'Angleterre elle-même sur ses propres marchés une rivale redoutable. On a lu plus haut des extraits du discours de M. Goschen. Voici quelques autres témoignages du même genre : D'après un rapport de la Chambre de commerce de Huddersfield, à la Commission royale d'enquête, le filé anglais est tout à fait écarté du marché par le produit allemand. Dans cette région, les filateurs n'occupent actuellement que le tiers du nombre d'ouvriers qu'ils employaient dans ces dix dernières années. Un rapport du consul général d'Autriche-Hongrie, à Liverpool, rapporte que les fabricants anglais d'articles de *blanc* et de *lingerie* se plaignent de plus en plus de la concurrence allemande. Ils disent qu'ils sont écartés du marché, non seulement sur le continent, mais en Angleterre même, par les maisons de Berlin, qui font des cols, des manchettes et des chemises. Il existe dans cette capitale environ vingt maisons de ce genre qui emploient 16,000 personnes et dont la production moyenne est évaluée à 180,000 livres sterling par an.

A Sheffield, des agents allemands offrent de l'acier de provenance allemande pour limes à un prix inférieur à celui du produit fabriqué dans la ville même (1).

Pour l'instruction de notre pays, je résume, d'après des documents officiels, la situation du commerce allemand d'exportation sur les principaux marchés étrangers. Il est utile de la faire connaître nettement :

Relativement aux exportations allemandes aux États-Unis, l'*Exporter*, de Hambourg, publiait au mois de décembre un document embrassant la période fiscale du 1er octobre 1884 au 30 septembre 1885, document communiqué par les agents consulaires américains en Allemagne.

La statistique qu'il contient relève une sensible diminution des exportations allemandes aux États-Unis, qui sont tombées de 2,797 millions de marks en 1883-84 à 251 millions en 1884-85.

(1) Extrait de *The universal Engineer.*

Presque tous les articles participent à ce mouvement de recul : seule, l'exportation des sucres a été en progrès. C'est, d'ailleurs, là, une branche toute nouvelle du commerce allemand avec les Etats-Unis, car en 1880, celui-ci n'expédiait encore dans ce pays que pour 550,000 marks de sucres ; cette proportion n'a commencé à prendre des dimensions sérieuses qu'en 1881-82, date à laquelle la valeur des expéditions s'est élevée à 3,22 millions de marks pour suivre une marche toujours ascendante.

En 1883..... 3.32 millions de marks.
En 1884..... 14.33 » »
En 1885....., 19.47 » »

Ces grandes quantités de sucres, principalement de betteraves, sont raffinées dans les Etats de l'Union et ensuite réexportées dans une proportion évaluée à 78 pour 100 en Europe et surtout en Angleterre.

10

La diminution porte pour les produits du district consulaire de Crefeld, sur les soieries, cotonnades et lainages; pour ceux de Berlin, sur les vêtements confectionnés et les albums.

Malgré le tableau en apparence peu satisfaisant pour l'industrie allemande, que présentent ces chiffres considérés en eux-mêmes, déclare, en les signalant au ministère, le consul général de France, ils ne prouvent pas que les produits de l'Allemagne aient perdu du terrain aux Etats-Unis devant la concurrence des autres pays européens ; au contraire si l'on observe que les Etats de l'Union américaine ont diminué d'une manière générale leurs importations en 1884-85 (2,425,4 mille marks au lieu de 2,804,3 l'exercice précédent, soit 13,50 pour 100 de moins), on voit que la part des marchandises allemandes est en légère augmentation, représentant en

1884-85, 10,35 pour 100 du total des entrées relevées par les douanes américaines; cette proportion avait été de 9,98 pour 100 en 1883-84 et de 8,74 pour 100 en 1882-83.

Pour le Mexique, un rapport adressé par le président de la Chambre de commerce français, à Mexico, fournit des renseignements précis sur la situation de l'exportation allemande dans ce pays.

« La bijouterie forme la branche la plus importante du commerce étranger.

« On aime beaucoup l'article de Paris, mais comme c'est en général la marchandise ordinaire qui trouve ici le plus grand écoulement, la bijouterie de Gablonz, qui se vend à des prix bien inférieurs à ceux de l'article de Paris, est importée par quantités beaucoup plus grandes et l'on peut dire que sur le total des importations de cette marchandise, 75 pour 100 sortent de Bohême et d'Oberstein, et 25 pour 100 de Paris seulement.

« Paris invente, Gablonz et Oberstein imitent ; les fabricants allemands s'appliquent beaucoup plus que les nôtres à satisfaire le goût de l'acheteur. L'ouvrier de Paris invente ses modèles et s'en tient à son invention ; celui de Gablonz n'invente rien, il se procure les modèles français et les imite ; il y fait les changements que lui indique son acheteur, il s'applique à établir un article similaire à celui de Paris, en employant des matières premières plus ordinaires, en dorant moins bien, et il ne poursuit qu'un but, celui d'établir sa marchandise au plus bas prix possible ; or, comme il faut surtout du bon marché, c'est à l'Allemagne que s'adressent nos ordres. L'acheteur n'étant pas connaisseur ne cherche pas la qualité, il ne demande pas du bon ; il ne veut que du bon marché.

« Pour le papier de luxe, les Allemands ont opéré de la même façon; ils en importent beaucoup, en imitation du genre français, qu'ils vendent à des prix très inférieurs à ceux de nos fabricants. En passementeries, en articles de châles, tous les articles qui étaient fournis jusqu'ici par la France, sont devenus presque le monopole des Allemands qui les imitent à la perfection et les cèdent à des prix très bas. »

Quant à l'Amérique du Sud, l'extension de l'Allemagne devient de plus en plus évidente. D'après le tableau du commerce du Chili en 1882 et 1883, l'Allemagne côtoyait la France à cette dernière date. La France y figure pour 6,208,927 piastres et l'Allemagne pour 4,811,438, en progrès de 1,100,000 piastres sur l'année précédente.

Dans la République de la Plata, quoique venant au quatrième rang après la France,

10.

l'Angleterre et la Belgique, le commerce allemand a progressé de 300 pour 100 en sept ans. Voici les chiffres officiels :

1876.........	3.149.975 pesetas.
1877.........	3.185.288 »
1878.........	2.126.914 »
1879.........	3.575.548 »
1880.........	4.778.711 »
1881.........	7.289.455 »
1882.........	9.259.920 »

Sur les 9 millions représentant le mouvement du trafic allemand avec la République Argentine, 4,610,925 pesetas reviennent à l'importation, et 4,698,995 à l'exportation.

Dans le Venezuela, la maroquinerie, les articles de chasse, la coutellerie, les outils, la serrurerie, les machines à coudre donnent lieu à un grand commerce d'importation allemande, en concurrence avec la France et l'Amérique.

Au Brésil, d'après le rapport sur la si-

tuation du commerce à Rio-de-Janeiro,
rédigé par la Chambre de commerce française, les Allemands font une concurrence
sérieuse à la France pour les jouets scientifiques, la chapellerie, les parapluies, les tissus
laine et soie, la porcelaine, la verrerie, la
coutellerie, la bijouterie [où ils nous ont à
peu près ruinés; les raisons de la décadence
de notre commerce sont comme dans les autres pays, l'élévation du prix de la marchandise et l'imitation allemande dans les produits d'ordre secondaire vendus à un prix
très inférieur. La valeur des importations
allemandes au Brésil a suivi, de 1881 à 1884,
la progression suivante :

1881-1882	8.332.510 milreis.
1882-1883	8.934.370 »
1883-1884	9.953.476 »

Il y a une quinzaine d'années, le marché

néerlandais était presque entièrement fourni par les produits de France et d'Angleterre ; le *Nederlandsche Industrieel*, reproduisant les articles de la presse allemande, constate que la situation s'est complètement modifiée (1) :

« Dans aucun autre pays, dit-il, l'industrie allemande n'a trouvé un terrain aussi favorable pour le placement de ses produits, et nulle part le mouvement économique et industriel datant de 1878 n'a exercé une influence aussi notable sur les relations commerciales avec l'empire que dans les Pays-Bas.

« De quelque côté que l'on porte ses regards, soit vers Amsterdam, soit vers les plus petites villes de province, partout on rencontre les marchandises allemandes. Chaque

(1) Extrait d'une lettre de la légation de Belgique à La Haye, d'après le *Bulletin commercial belge*.

branche de l'industrie allemande a trouvé dans notre petit mais riche pays un important débouché pour ses produits, débouché qui sera d'autant plus apprécié par les fabricants d'outre-Rhin, qu'ici on donne la préférence aux qualités supérieures, sur lesquelles le bénéfice est plus considérable.

« L'industrie textile a pris la plus grande part des importations de nos voisins ; ses produits sont d'autant plus recherchés ici, que malheureusement la Néerlande a elle-même peu d'industries. La fabrication des draps, qui se fait à Tilbourg, ne suffit même pas à la consommation du pays ; les étoffes de Silésie et de Lausitzer sont fort demandées chez nous. Si l'on voulait énumérer les différentes branches de l'industrie allemande qui trouvent leur débouché dans ce pays, on ne devrait en oublier aucune. Le fer, le charbon d'Allemagne nous arrivent en quantité considérable. De grands magasins sont remplis de marchandises de toutes espèces, fabriquées en Allemagne.

« Les maisons de confections de Berlin nous vendent à elles seules pour six millions de marks. Les articles de mercerie, de quincaillerie, les papiers, les tapis, les meubles, la lingerie, les objets de luxe de provenance allemande sont également très recherchés. Dans les colonies, la consommation des produits allemands augmente dans des proportions analogues (1). »

Dans le tableau officiel du commerce hollandais, je trouve les chiffres suivants : de 113,000 florins en 1872, les importations de la Prusse se sont élevées à 290,712 en 1882.

(1) Dans le rapport d'ensemble des délégués de l'Union des chambres syndicales ouvrières de France à l'exposition d'Amsterdam, je trouve formulées énergiquement des doléances sur l'indifférence de notre commerce d'exportation pour la Hollande où nous supplanterions aisément l'Allemagne.

Pour montrer la progression de la concurrence allemande en Espagne et en Italie, il suffit de reproduire les chiffres comparatifs des exportations par le port de Hambourg, pendant une période de cinq ans:

Exportations de Hambourg.

	Pour l'Espagne		Pour l'Italie	
En 1879. ...	34.006 tonnes.		13.790 tonnes.	
En 1880.....	55.406	»	14.104	»
En 1881	58.886	»	22.692	»
En 1882....	71.637	»	29.290	»
En 1883	87.179	»	39.861	»

D'après les statistiques officielles espagnoles, les importations allemandes ont suivi la progression suivante: 1,058,000 francs (1872); 82,742,000 (1882); en Italie, même progression : (1872) : 14,884,000 francs (1882) 84,514,000 francs.

L'année dernière, le choléra, les inondations et les tremblements de terre ont sensiblement ralenti les transactions avec l'Espagne et avec l'Italie ; malheureusement, ces diverses catastrophes ne nous ont point été non plus très favorables.

M. Guyraud , gérant du Consulat de France à Hambourg, adressait au mois de juin dernier au ministre des affaires étrangères, une note sur les efforts projetés en vue du développement de l'exportation allemande dans le bassin de la Méditerranée :

« Les journaux de Hambourg, y est-il dit, annoncent que la Société centrale de géographie commerciale de Berlin vient de s'entendre avec la Banque allemande d'exportation pour l'organisation d'une entreprise destinée à faire connaître à l'étranger les produits de l'industrie allemande ; voici quel serait le plan de campagne de cette véritable expédition.

« Une Commission, munie d'échantillons

choisis avec le plus grand soin, visiterait successivement les divers ports et grands marchés de l'étranger, et elle étudierait les besoins de la place et les conditions dans lesquelles les produits de l'Allemagne pourraient s'y introduire utilement et faire concurrence aux produits des autres nations. Pour assurer à son œuvre une influence continue sur le marché, la Commission nouerait des relations avec les bonnes maisons allemandes établies dans le pays, et qui deviendraient ainsi les correspondants de l'entreprise ; quant aux villes où aucun sujet allemand se serait établi dans les conditions voulues, on y laisserait un des membres de l'expédition, qui serait composée non seulement de personnes salariées, mais encore de volontaires voyageant à leurs propres frais.

« Les premiers efforts de l'entreprise seraient dirigés vers les ports du nord de l'Afrique, puis sur les pays du Levant, ainsi que sur certains ports du sud de l'Europe, tels que Salonique, le Pirée, Naples et Barcelone, et presque partout on se serait déjà assuré le concours de négociants en mesure de seconder utilement la Commission, dès son arrivée. Plus tard, la Société de géographie étendrait sa sphère d'action suivant ses ressources.

« Les journaux ajoutent que les places où l'expédition devra opérer ne sont pas désignées avec plus de précision, afin de ne pas y alarmer prématurément la concurrence étrangère en lui donnant le temps de préparer sa défense.

« On doit d'autant plus signaler cette entreprise que le commerce allemand tourne, depuis relativement peu d'années, son attention vers les pays du bassin de la Méditerranée; dans le Levant, par exemple, il est

indubitable que les petites colonies allemandes de l'Asie Mineure et de la Syrie ont
amené des courants d'affaires qui n'existaient
pas, et l'Allemagne, avec l'esprit d'entreprise
qui l'anime en ce moment, ne laissera probablement pas dériver ces courants, mais doit
au contraire chercher à les développer. »

Dans une circulaire récente adressée aux
Chambres de commerce, M. Dautresme, ministre du commerce, signalait la création en
Allemagne d'expositions flottantes destinées à
faire connaître aux pays riverains de la Méditerranée et de l'Océan indien les produits
allemands (1).

Dans les Indes, au Tonkin, en Chine, l'Alle-

____

(1) M. de Bismarck a créé à Milan une agence spéciale de renseignements économiques et industriels, qui a pour mission spéciale de tenir le gouvernement allemand au courant de toutes les
questions de transports et de tarifs des chemins de fer italiens et
des débouchés pour l'exportation en Italie et dans le littoral de la
Méditerranée. Le titulaire a un traitement fixe de 25.000 francs;

magne a pénétré profondément et entrepris un commerce d'exportation qui prend chaque jour de l'importance. Il y a peu de jours, le *Times* publiait à ce sujet la note suivante :

« Des lettres de Chine expriment la surprise que cause le manque d'esprit d'entreprise des fabricants anglais de locomotives et de matériel roulant de chemin de fer. Leurs concurrents allemands, qui ont répandu dans toutes les parties de l'empire chinois des agents avec des modèles et des échantillons, bénéficient de cette indifférence.

« Les deux derniers emprunts ouverts sur le marché de Londres doivent être les précurseurs d'une série d'opérations semblables dont les ressources seront consacrées à l'établissement d'un service de navigation à vapeur ; et les Allemands sont déterminés à se mettre les premiers en campagne. »

Au Japon, dès l'ouverture des ports, nos

pincipaux articles d'importation, mousseline de laine et articles de Paris d'une fabrication très soignée, et chers par conséquent, se vendaient bien, parce que nous en étions les seuls importateurs et que le pays était riche. Plus tard, et à mesure que, le numéraire disparaissant du pays, les besoins se modifiaient, les Allemands, voyant que nous maintenions nos prix, ont imité nos fabrications, mais en qualité inférieure et à bon marché, et notre commerce d'importation est passé entre leurs mains (1).

D'après les récentes communications adressées d'Australie aux feuilles allemandes, l'année 1884 aurait été particulièrement prospère pour le commerce de l'Empire avec le continent (2).

(1) Document du *Moniteur officiel du Commerce.*
(2) Rapport de M. Balny d'Avricourt, consul général de France à Hambourg.

Non seulement l'importation directe des produits fabriqués allemands s'est accrue, mais même les grandes industries sont parvenues à nouer de nouvelles relations qui promettent les meilleurs résultats pour l'avenir. Les exportateurs allemands s'attachent d'ailleurs à se conformer de plus en plus aux goûts et usages des pays consommateurs ; c'est ainsi qu'ils commencent à reconnaître la nécessité d'imprimer les prix courants en langue anglaise et d'indiquer les poids et mesures en équivalents anglais.

L'importation des lainages, des draps et des vêtements ne dépasse pas celle de la France et de la Belgique, mais l'Allemagne occupe, sans compétition possible, le premier rang sur les places d'Australie pour les jouets de toutes sortes, pour les objets rangés dans la mercerie commune, pour la maroquinerie et les pianos.

On peut prévoir que les nouvelles acquisitions coloniales faites par l'Allemagne dans les mers du Sud contribueront à lui créer de grands débouchés dans ces contrées.

En résumé, l'Allemagne est toujours en progrès pour son iudustrie et son commerce extérieur. La crise paraît y être moins sensible que dans les autres pays.

CHAPITRE VIII

AUTRICHE.

La crise de l'industrie autrichienne ; Le développement de l'industrie artistique ; Commerce de l'Autriche en 1883-1884 ; L'Autriche en orient : Le musée
Oriental ; La société Austro-Asiatique d'exportation.

Les derniers documents communiqués par
nos agents consulaires en Autriche signalent
une situation assez grave dans le commerce
extérieur de l'Empire. On n'a pas encore de
chiffres officiels sur les opérations de l'année
1885 ; on ne connaît encore exactement que
ceux pour 1884. La baisse de prix pour beau-

coup de marchandises importantes, par exemple les céréales et la crise sucrière ont exercé une fâcheuse influence sur le mouvement de l'exportation ; pendant que, d'autre part, l'importation, succombant sous l'élévation des droits et limitée par suite de la diminution des besoins à quelques articles seulement, n'a pu atteindre au chiffre des années antérieures. L'importation s'élève pour l'année 1884 à 612 millions 9 de florins, somme qui, en comparaison de celle de l'année 1883, indique une baisse de 12 millions de florins ou de 2 pour 0/0 à peu près. Quant à l'exportation, la perte subie est encore plus importante. Ici, il faut tenir compte de la baisse des prix pour les céréales, le sucre et les substances alimentaires ; et, si on découvre un déficit de plus de 40 millions de florins, il faut encore considérer ce chiffre comme inférieur à la vérité. Aussi, la valeur de l'exportation peut-elle être estimée à 707 millions 7 de florins, tandis qu'elle était de 749 millions 9 en 1883, d'où une diminution de 41 millions 2 ou 5,5 pour 0/0.

La différence entre les années 1884 et 1883 porte principalement sur les substances alimentaires. La diminution de l'exportation des céréales, descendue de 7,551,968 quintaux métriques à 5,877,598 — *différence* 1,674,370 (il s'agit surtout du froment, du maïs et du seigle), en second lieu, celle des légumes, pommes de terre, œufs, eaux-de-vie, moutons, porcs, cochons de lait, sel de cuisine, produits de la minoterie, explique suffisamment le déficit de 48 millions 3 de florins constaté par cette catégorie de marchandises, d'autant plus que l'exportation du sucre — bien que la quantité exportée ait été plus grande — a baissé de quelques millions sur l'année 1883.

Parmi les autres branches de l'exportation, il n'y a que le ciment, l'acide sulfurique, l'étain, le plomb poli, les huiles, le goudron, le fer en barres, la tôle, les fils de corde et les machines qui aient subi d'importantes pertes dans le commerce avec l'étranger.

L'industrie textile n'a subi qu'une diminution insignifiante de 70,000 florins sur un chiffre total de plus de 110 millions. Sur les marchandises autres que métaux et produits chimiques, il y a une augmentation de 11 millions et demi sur un chiffre de près de 280 millions. Dans cette catégorie figurent tous ces produits variés qui font à notre industrie artistique une concurrence si formidable. Paris en est inondé. Il est loyal de convenir que, pour les articles de Vienne, en concurrence avec l'article de Paris, maroquinerie, petits bronzes, papeteries, fantaisies de bureau, d'étagères, verreries, porcelaines, depuis quelques années le goût de la fabrication viennoise s'est sensiblement développé.

Les industriels et les artistes s'ingénient à trouver des formes nouvelles, à adapter des créations artistiques à ces fantaisies. Ils empruntent aux œuvres du passé des inventions originales ; c'est ainsi que, depuis dix ans, ils ont mis fort habilement à la mode les coffrets de cuirs frappés et dorés des xiv° et xv° siècles, les broderies anciennes appliquées à la garniture des cadres, des coffrets, des reliures, etc.

Les ravissantes compositions ornithologiques de M. Giacomelli ont fourni pendant l'année 1885 des éléments de décoration à de nombreuses productions de haut goût.

Le tableau du commerce extérieur qui vient de paraître donne, pour l'importation en France des produits fabriqués autrichiens, les chiffres suivants :

1883............... 21,902,043 francs.
1884............... 12,051,932 —

La même variation s'est produite pour les importations de France en Autriche :

1883. .... 21,497,571 francs.
1884............... 16,300,379 —

Le champ d'action du commerce extérieur de l'Autriche, depuis quelques années, est l'Orient. Elle concentre sur ce point son activité et ses efforts, qui sont couronnés de succès. Dans les documents consulaires, dans les renseignements fournis par les publications spéciales, il n'est question que de l'extension de l'influence commerciale de l'Autriche, des Portes-de-Fer, de Constantinople à Shangaï et au Japon, concurremment avec l'Allemagne. En Égypte, l'Autriche vient en quatrième rang ; en Asie Mineure, sur les places de Smyrne, de Damas, elle tient tête à l'Angleterre et à l'Allemagne, dominant la France et l'Italie ; en Grèce, elle gagne de jour en jour du terrain contre l'Angleterre et la France. En Turquie, elle occupe aujourd'hui une place prépondérante après l'Angleterre. En Serbie, l'Autriche figure pour plus de 63 pour 0/0 dans l'importation étrangère. En Bulgarie, les Autrichiens ont devancé les Français, tombés au sixième rang des importateurs. En 1884, l'Autriche a vu s'augmenter ses importations dans les Indes anglaises, et le consul de cette nation, à Bombay, déclare, dans un de ses derniers rapports, qu'il est possible d'y tenter la concurrence contre les produits anglais pour les vêtements, les soieries, les lainages, les cotonnades, la coutellerie, la papeterie, la verroterie et le fer.

Je ne veux point étudier en détail l'organisation commerciale, industrielle et artis-

tique intérieure de l'Autriche ; elle exige-
rait de trop longues écritures ; d'ailleurs on
ne l'ignore point généralement ; mais la
question spéciale des tendances orientales du
commerce et de l'industrie mérite d'être ex-
primée, et je puis le faire utilement, cette
question ayant été l'objet de ma dernière
mission à Vienne.

L'exposition internationale de Vienne en
1873, où la section orientale avait été très remarquée et avait vivement frappé les industriels et les commerçants autrichiens par la
perspective de la création d'un vaste commerce d'exportation en Orient, a donné naissance à la création d'un Musée oriental. Une
Société privée, qui compte parmi ses membres toutes les notabilités du commerce et de
l'industrie en Autriche-Hongrie, de nombreux
savants et voyageurs, se constituait aussitôt
pour l'organiser. Le gouvernement obtenait

des exposants orientaux la concession d'une partie de leurs envois et en faisait don à la Société, qui appelait à sa tête comme président et protecteur le prince impérial. La Société, sans se préoccuper de se faire bâtir un palais spécial, se met immédiatement à l'œuvre, loue une partie du premier étage de la Bourse au Steuben-Ring, qui appartient à une Compagnie, et y installe ses collections. L'œuvre nouvelle ne tardait point à prendre un grand développement, en raison des services qu'elle rend à l'industrie et au commerce du pays. Sa situation financière est très prospère. D'après le dernier bilan qui a été publié, celui de l'année 1884, le capital de la Société, au 1er janvier 1885, était de 82,823 florins. Les collections comprennent 2,067 séries d'objets divers appartenant aux industries et aux arts de l'Orient, aux objets d'exportation en Europe. Ainsi la section des

Indes anglaises seule a plus de 2,500 numéros.

Le Musée est divisé, comme organisation scientifique et technique, en trois sections : la section orientale ancienne, la production orientale moderne et les éléments d'exportation européenne en Orient. Tous les produits qui se fabriquent en Orient, de Constantinople à Yokama, ont dans ce Musée la représentation de leurs types principaux ; et tout ce qui est importé dans ces pays par une nation quelconque a là un échantillon. A côté de chaque objet est une longue pancarte qui contient toutes les indications sur les prix, les habitudes, les traditions de vente, les procédés de fabrication, d'emballage et les modes de payement qui concernent cet objet. Un catalogue, qui est un chef-d'œuvre en ce genre, porte des mentions analogues pour éviter aux négociants et industriels le travail de copie de ces utiles pancartes. Il coûte 50 centimes. Un supplément mensuel contient toutes les modifications survenues pendant le dernier mois dans les informations commerciales et industrielles du Musée.

La section artistique, ancienne et moderne, est organisée de la façon la plus pratique et la plus utile ; ce n'est point un musée d'érudition et de dilettantisme ; la direction du Musée se préoccupe de la rendre fructueuse par tous les moyens possibles de publicité. Aussitôt qu'une pièce importante est parvenue au Musée, elle en avise tous les industriels par des notes publiées dans les journaux et dans le bulletin de la Société.

Le Musée organise à chaque instant des expositions spéciales, qui comprennent non seulement les objets empruntés aux collections du Musée, mais toutes les belles pièces des collections privées. En 1884, il a fait une exposition de céramique orientale, dont le rapport annuel fait mention en ces termes, que je crois très utile de reproduire, parce qu'ils font connaître exactement les idées de la Société sur ce moyen de propagande artistique :

« Comme on s'apercevait que les collections publiques des professions d'art de notre pays relatives à l'Orient n'offraient que très peu d'intérêt ou des choses insuffisantes, la direction de l'institution a décidé d'organiser une série d'expositions d'amateurs d'œuvres de l'Orient des bonnes époques anciennes. On a commencé par une exposition de céramique orientale dans l'été de 1883. La maison impériale nous avait confié une très précieuse collection de porcelaines asiatiques ; Son Excellence le comte Edmond Zichy, ainsi que le prince Henri Liechtenstein et le baron de

Mundy, comme beaucoup de propriétaires
de collections magnifiques et rares, ont contribué au succès de notre entreprise. Nous
avons donc eu le moyen d'exposer une collection d'objets de 3,000 numéros, qui com-
prenait la céramique de l'Extrême-Orient,
ainsi que ceux de l'Asie occidentale, exposition, dont la richesse était bien supérieure
à toutes les autres expositions organisées jusqu'à présent.

« La collaboration de plusieurs de nos premiers collectionneurs très experts, MM. le
baron de Mundy, professeur Karabacek,
F. Frau, nous a donné le moyen de faire
un catalogue illustré, pour lequel deux savants français, MM. O. du Sartel et Louis
Gonze, ont écrit la préface historique. A ce
catalogue a été joint une publication éditée
par le Musée, en grand in-folio, qui conte-
nait, reproduits en cinquante-huit feuilles

chromo-lithographiques, un grand nombre d'objets choisis, à l'usage des industriels et des écoles professionnelles. Cette collection, très approuvée par les personnes intéressées, doit son existence à la bienveillance du Ministère de l'Instruction publique, qui a réclamé, dès le commencement de l'édition, un grand nombre d'exemplaires pour son usage.

« L'industrie de la céramique autrichienne a prouvé combien cette exposition était utile, en s'inspirant, dans beaucoup de ses produits, des dessins et des formes exposés. Le Ministère de l'Instruction publique s'est vu obligé d'appeler à Vienne des professeurs des écoles professionnelles pour étudier notre exposition. »

Au moment où je visitai le Musée, les œuvres de verrerie orientale avaient été transportées pour la plus grande partie à

Prague, où le Musée avait organisé une exposition spéciale, à l'intention de la grande industrie des verreries de Bohême.

Le Musée oriental est, en effet, un véritable musée ambulant : la direction a le devoir absolu, prévu et imposé par les règlements de la Société, d'avoir toujours, en voyage, *la moitié* des objets de ses collections. Il suffit à une chambre de commerce ou à une municipalité d'un centre industriel de faire une demande à la Société pour qu'il y soit immédiatement fait droit, par l'envoi de collections qui sont exposées pendant une période obligatoire de trois mois. C'est dans cette intention formelle que l'État accorde à la Société une subvention annuelle de 10,000 florins. En 1884, la Société a ainsi organisé des expositions spéciales technologiques à Reichenberg, à Brün, à Aussig, à Teplitz et à Baern ; aujourd'hui, elle peut à peine suffire aux demandes des municipalités.

La Société a créé dans les bureaux du Musée une agence d'informations commerciales pour l'Orient, informations qui lui sont transmises, soit par les trois cents membres correspondants, tous hommes de la plus haute valeur, banquiers, industriels, négociants, voyageurs, qu'elle compte dans tous les pays du monde, et auprès desquels elle accrédite tous les agents commerciaux qui lui sont recommandés; et soit par tous les fonctionnaires diplomatiques que le gouvernement austro-hongrois met à la disposition de la Société.

La Société du Musée oriental a un organe spécial, l'*Oesterreichissche Monatsschrift fur den Orient*, qui paraît tous les mois. Ce journal, fort bien imprimé, dont le prix d'abonnement est de 5 florins, et qui n'a pas moins de 28 pages de texte in-4° sur deux colonnes, publie toutes les informations commerciales du Musée, une partie scientifique et artistique très complète, rédigée par des savants, des explorateurs, des écrivains d'art, et un résumé des rapports des consulats autrichiens en Orient.

Au Musée est annexée une riche bibliothèque, avec salle publique de lecture, qui possède tous les journaux commerciaux du monde, toutes les publications artistiques, commerciales, économiques et politiques sur l'Orient.

Le Musée a organisé des cours et des conférences publiques confiées aux hommes qui connaissent le mieux l'Orient sous tous ses aspects variés et à tous les points de vue du commerce, de l'industrie et de l'art.

Tout en donnant une extension de plus en plus considérable à la partie purement commerciale du Musée par l'accroissement des collections d'échantillons de produits et de matières premières, par le développement du service d'informations économiques et de la publicité, la Société se préoccupe particulièrement de la partie artistique.

« Persuadés que l'étude des œuvres artis-
« tiques de l'Orient ouvrira à notre industrie
« une source très riche de motifs magnifi-
« ques de décoration, et qu'elle aura en
« même temps une grande influence sur le
« commerce de l'exportation, la direction de
« l'établissement a songé à s'occuper spécia-
« lement des industries d'art. »

Le Musée oriental rend en effet, sur ce point, d'immenses services à l'industrie et au commerce de l'Autriche-Hongrie, qui, en dix ans, a conquis sur tous les marchés d'O-rient une importance extraordinaire, au grand détriment du commerce français d'ex-

portation. Brün fabrique aujourd'hui des
quantités considérables de draps pour l'O-
rient ; la Bohême, de la verrerie orientale ;
Vienne, des cuirs et des cuivres ouvragés.
Les industriels et les artistes de Vienne s'inspirent fort habilement de l'art de la Chine et
de celui du Japon, qu'ils transforment avec
beaucoup de goût à l'intention des consommateurs européens. J'ai vu dans le Musée
des séries entières de soieries et de broderies qui ont servi de modèles à des productions nouvelles fort en vogue en ce moment.
En résumé, depuis la fondation du Musée, il
s'est créé en Autriche une véritable industrie orientale, qui est une des sources les
plus fécondes de la prospérité du commerce
de ce pays.

Le Musée, pour tous ces services éminents,
est fort protégé pécuniairement et morale-
ment par l'État, par les grandes sociétés fi-

nancières et industrielles et par les chambres de commerce autrichiennes. Le chemin de fer du Midi et le Lloyd austro-hongrois lui ont accordé une réduction considérable de prix pour toutes les marchandises qu'il reçoit de ses agents en Orient. Après avoir constaté les résultats excellents de cette mesure, *les deux Compagnies ont décidé l'année dernière d'accorder les mêmes concessions au commerce entier de l'Autriche.*

C'est ainsi que, dans ce pays, on entend la solidarité nationale.

La Société du Musée oriental a donné naissance à une Compagnie d'industrie et de commerce, la *Compagnie austro-asiatique,* qui est en voie de devenir une Société puissante, qui tiendra la tête du commerce européen en Orient. En 1883, la Société avait organisé une expédition scientifique aux Indes et dans l'Asie orientale pour étudier

les conditions et la situation de l'industrie
et du commerce. Le savant directeur du
Musée, M. Scala, en était le chef. Le rapport
de l'expédition fut si satisfaisant que, le 23
février 1884, les représentants des principales
maisons de Vienne et des grands centres industriels de l'Autriche se réunissaient dans
une salle du Musée pour fonder la Compagnie austro-asiatique. Cette Compagnie
compte aujourd'hui plus de cent membres,
qui appartiennent à chacune des branches
du commerce et de l'industrie. Elle a constitué un capital important et créé un corps
considérable d'agents commerciaux qui ex-
ploitent tous les pays d'Orient avec le patronage du Musée. La Compagnie n'est point
une société de production directe ; elle n'est
qu'un syndicat commercial qui transmet à
chaque membre la commande reçue par les
agents ; après un prélèvement de droits au

bénéfice de la collectivité, pour le payement des dépenses générales. La fondation de cette Compagnie constitue pour notre commerce un grand danger ; sa concurrence est formidable, par suite de la puissance de ses moyens d'action et du concours que lui prête le gouvernement, au moyen de ses consuls, et les Compagnies de transport par des réductions considérables de tarifs.

Le principe de l'association trouve en Autriche des partisans nombreux, qui comprennent intelligemment combien il est fécond et avec quelle urgence il s'impose aujourd'hui, en présence de la concurrence industrielle et commerciale effroyable qui se lève de partout. Le Musée autrichien de l'art et de l'industrie, vient de fonder également, sur l'initiative de son directeur, une Société d'industriels et d'artistes viennois qui a pour trite : *Wiener Kunst Gewerbe Werein,*

Société viennoise d'art industriel. Cette Société comprend environ 150 membres, chefs
de grandes et petites maisons d'industries artistiques, artistes, dessinateurs, architectes,
membres du Conseil d'administration du
Musée. Elle a pour but d'établir entre le
Musée, l'école, les artistes et les industriels
des relations intimes, constantes, en vue du
développement de l'art dans les ateliers et
dans la production de l'industrie autrichienne. En raison de son caractère exclusivement professionnel, elle ne compte aucun
membre étranger à l'industrie artistique, ni
protecteurs, ni patrons officiels. Chaque semaine, les membres se réunissent dans une
salle du Musée pour discuter leurs affaires
sociales, au point de vue de l'art, des perfectionnements industriels ; pour se communi-
quer les renseignements recueillis sur la
concurrence étrangère, sur les procédés de

fabrication, sur les méthodes artistiques, etc.,
en un mot, pour agiter toutes les questions
qui intéressent l'association. Le Musée a mis
à leur disposition plusieurs salles pour organiser des expositions permanentes des produits de chaque sociétaire. Lorsqu'il y a à
l'étranger ou dans l'Empire quelque exposition artistique, ils y prennent part collecti-
vement, sous la raison sociale de l'association. C'est ainsi que la Société a participé
d'une manière fort brillante, paraît-il, à
l'exposition d'Anvers, où un pavillon spécial
avait été construit par elle. Les membres de
la Société fournissent aux travaux des élèves
de l'école du Musée un débouché important
par des commandes fréquentes de dessins,
et assurent aux plus brillants lauréats des
positions très lucratives dans leurs ateliers.
La Société n'a aucune ingérence dans l'école
ni dans le Musée ; elle n'est que son hôte,

dont l'opinion a une grande valeur sans
doute au point de vue de la direction artistique des études, mais elle n'a même point
voix consultative dans les délibérations où
elle pourrait être le plus intéressée. Au Musée d'art et d'industrie de Vienne, comme
dans tous les autres musées d'Europe, le
principe de l'unité absolue de direction, de
la responsabilité individuelle la plus sévère,
combinée avec l'autorité la plus large, est
adopté et appliqué dans toute son extension.
Il faut voir là le secret de leur prospérité et
de leur influence.

CHAPITRE I

HONGRIE

La renaissance hongroise; Le nouveau Pest; L'art national; Les relations avec la péninsule des Balkans; L'Allemagne en Hongrie; Les Français en Hongrie; Les institutions hongroises pour le développement du commerce, de l'industrie et de l'art; L'avenir de la Hongrie.

Il y a en Hongrie, à cette heure, un grand mouvement national pour la renaissance de ses anciennes industries artistiques et pour la création de celles qu'imposent aujourd'hui les exigences de la civilisation moderne. Ce mouvement est le corollaire du mouvement politique qui a amené la Hongrie au dualisme avec l'Autriche. Les hommes d'État qui la dirigent ont compris que le seul moyen d'assurer l'indépendance politique de la nouvelle nation était de lui donner une industrie et un commerce, et de la mettre ainsi en état de lutter économiquement contre les puissances industrielles qui l'enserrent de toutes parts. Et ils apportent dans cette œuvre patriotique nouvelle le même esprit de décision, d'énergie et de constance dont ils ont fait preuve dans leurs luttes politiques. Ce mouvement national, très sérieux, a pour base et élément d'action la création de nombreuses écoles et musées d'art et d'industrie, la fondation de plusieurs sociétés de protection et de perfectionnement à la tête desquelles ont été placés les hommes les plus éminents et les plus actifs du pays. On en est encore au point de vue de l'enseignement dans la période criti-

que d'études et d'expériences ; les écoles
fonctionnent sans avoir reçu le développement matériel et l'organisation technologique
que réclame l'importance de leurs services ;
le Musée d'art et d'industrie est encore dans
l'indécision de l'adoption d'un système défi-
nitif d'organisation et d'attributions ; les bud-
gets sont provisoires et insuffisants. Mais il
ne faut point oublier que toutes ces institutions ne remontent guère au delà de 1878,
que la Hongrie subit depuis quelques années
une crise financière assez grave qui met obstacle à la mise en œuvre immédiate des réformes et des projets nouveaux. Néanmoins,
le dévouement et le patriotisme de ceux à
qui a été confiée la mission de diriger ce
mouvement national de renaissance des industries artistiques de la Hongrie, ont permis
d'arriver déjà à des résultats très sérieux.
Le développement immense de la ville de

Pest, l'exposition nationale de 1885, en sont la confirmation évidente.

Pest a renouvelé, dans ce coin de l'Europe qui a été si longtemps le champ de bataille des civilisations orientales et occidentales, où l'histoire est déjà très vieille, le phénomène physiologique des cités du nouveau monde. En quinze ans, il a doublé, triplé presque sa population ; il a rebâti ses vieux quartiers, créé une ville superbe, monumentale, au-dessus des marais qui lui formaient une triste enceinte de fièvres paludéennes.

Il n'est point nécessaire de rappeler les événements contemporains qui ont provoqué l'éclosion de ce phénomène ; ils sont connus de tous. Mais, ce qu'il importe de mettre en évidence, c'est que c'est du jour où la Hongrie a recouvré sa liberté, son indépendance constitutionnelle, que Pest a commencé à s'agrandir et à prospérer. L'expansion a été rapide, torrentielle. Elle a même, un moment, dépassé le but et menacé de compromettre la fortune publique ; mais ce sont là erreurs et fautes de jeunesse. Dans son enthousiasme juvénile, dans son exubérance de pensée idéale, de patriotisme ardent, Pest a fait un peu pour la liberté ce que Potemkin avait fait par fantaisie d'amoureux courtisan pour la grande Catherine. Pendant une nuit, elle a construit sur son passage non point un village, mais une ville tout entière ; la nouvelle et féerique cité a paru bien vaste le lendemain, mais elle n'a pas disparu comme les faux villages russes. Aujourd'hui, elle est remplie d'une population laborieuse, active et prospère. Elle a grandi encore, et, de plus en plus vigoureuse, elle fait craquer sur tous les points son vêtement devenu trop étroit. Le nouveau Pest s'étend sur l'emplacement du vieux quartier Thérèse, du quartier Léopold jusqu'au bois de la ville; l'artère principale est la rue Andrassy. En reconnaissance pour l'initiative du percement de cette rue prise par le comte Jules Andrassy, la municipalité de Pest a substitué au premier nom de rue Radiale celui du ministre hongrois. Cette rue est vraiment belle par sa longueur et en raison du grand nombre d'édifices qui la bordent. Elle ferait fort bonne figure dans notre Paris nouveau. Je ne sais même pas si, placée en parallèle avec beaucoup de nos grandes voies nouvelles, elle ne paraîtrait point plus grandiose, plus pittoresque, par la variété des styles et de physionomies des constructions qu'elle contient. La création de syndicats d'entrepreneurs, les règlements édilitaires de la municipalité et la multiplicité des maisons de rapport ont produit à Paris des rues, des avenues et des boulevards, qui ont une glaciale monotonie ; dans· la physionomie des constructions et dans la perspective des voies ; tout est sur le même plan, présente les mêmes proportions, les mêmes profils et développe sur des espaces considérables les mêmes motifs d'ornementation. Dans la nouvelle ville de Pest, l'imagination et le goût des architectes se sont donné toute carrière. Comme le percement d'une rue était de la part de la municipalité et des habitants autant, sinon plus, une question d'amour-propre national, de tentative de renaissance hongroise, qu'une entreprise de pure édilité, les propriétaires ont ouvert entre eux une sorte de concours d'émulation. Il n'est pas une vieille et noble famille hongroise qui n'ait considéré comme un devoir patriotique de faire construire un palais où tout au moins un hôtel rue Radiale et de se distinguer par la richesse et l'originalité de la construction; on en cite plusieurs qui se sont fort endettés pour faire grand honneur à leur nom. Il y a des palais de tout style et de toutes proportions. Une imitation originale du palais Pitti coudoie un palais de goût vénitien ; à une vaste construction en rococo allemand, exubérante de cariatides, de mascarons, de volutes, etc., succède un édifice à la façade lisse, décoré délicatement de graffiti. La Renaissance française y a des copies audacieuses, où malheureusement l'adoption de dimensions considérables a déformé, en les transposant, les motifs si gracieux et si élégants de Blois, de Chambord, du Louvre, etc. On trouve des imitations réussies des œuvres des Peruzzi, des San Gallo, des Bramante. Le style ogival y a sa part très large ; et çà et là apparaissent des essais intéressants de reconstitution du style hongrois, dans le genre de l'ancien Casino national, dont l'originalité caractéristique est assez difficile à déterminer. Partout on sent un effort constant et intense des architectes à produire une œuvre brillante, fastueuse. Quelques propriétaires ont employé le marbre, le granit ; d'autres, renchérissant, sont allés jusqu'à décorer leurs hôtels de statues, de cariatides et de groupes en bronze. L'adoption fréquente de la brique, l'usage à peu près général de la coloration des stucs et des ciments produisent une variété de coloris d'un effet très pittoresque sur ce beau ciel, où le soleil, de sa lumière éclatante, harmonise, en les dominant, les tons les plus vigoureux et les plus contrastants. Dans cette avenue superbe sont concentrés un grand nombre de palais publics : l'Ecole nationale de dessin, l'Académie de musique, le palais que la Société des artistes hongrois s'est fait construire, la Caisse d'épargne nationale, l'Opéra royal, un monument de très bon goût bâti dans le style de la Renaissance par un architecte hongrois de grand mérite, Nicolas Ybl, et dont la décoration intérieure et le plafond de la salle, par Carl Lotz, sont remarquables autant que l'installation scientifique. C'est l'empereur François-Joseph qui a fait construire cet Opéra sur sa cassette privée. Sur la moitié de son étendue, de la place octogonale jusqu'au Bois de la ville, la physionomie de la rue Andrassy se transforme : aux palais succèdent des hôtels privés et des villas encadrées de beaux arbres, de jardins fleuris et dont les formes variées vont du chalet suisse au kiosque persan, en passant par les casinos italiens, les temples grecs, les cottages anglais. Cette avenue champêtre forme l'entrée la plus pittoresque au parc public, fort bien dessiné et décoré.

En dehors de cette partie de la ville nouvelle, les édifices d'un caractère vraiment artistique sont nombreux : au premier rang, il faut citer la gare de chemins de fer austro-hongrois de l'État, une œuvre d'architecture industrielle très originale due à un Français, M. de Serres, qui a résolu là, avec un succès complet, le problème délicat de l'alliance artistique de l'ingénieur et de l'architecte. La bibliothèque de l'Université, l'Ecole polytechnique, l'Hôtel des postes et télégraphes, le nouvel Hôtel de Ville, font honneur à l'école d'architecture hongroise, qui compte des artistes de grande valeur, tels que Nicolas Ybl, Skalnitzky, Heindl, Kolbenheyer, Koch, Schulck, etc. Les édifices religieux sont médiocres, à l'exception de la synagogue construite, dans le style mauresque, par Forster, de Vienne. La basilique du faubourg Léopold, dont la municipalité avait fait le couronnement des projets de décoration monu-

13.

mentale de cette partie de la ville, — elle devait fermer le fond de la grande rue de Zrinye qui ouvre sur la grande place François-Joseph, en face du beau pont du Danube, — reste depuis de longues années en voie de réédification avant d'être achevée. Cette œuvre colossale, grandiose, qui a fait de Pest une ville nouvelle, a été exclusivement le résultat du réveil du sentiment national ; la spéculation immobilière qui, dans beaucoup d'autres pays, en Autriche notamment, avait provoqué vers cette époque la création de véritables villes factices annexées aux anciennes, n'a eu dans cette révolution édilitaire de Pest qu'une part restreinte. Les Hongrois voulaient faire une grande capitale, remplie d'édifices imposants, de monuments, élégante, somptueuse même, pour affirmer hautement par cette démonstration la revendication de ce titre politique. Une loi votée d'acclamation imposait à la ville l'obligation de consacrer la moitié de son budget annuel à la construction d'édifices publics et à l'embellissement artistique de la cité; toute la noblesse et l'aristocratie financière hongroise s'associaient avec éclat à ce mouvement : c'est ainsi que Pest, en quinze ans, a doublé sa superficie, est devenue une grande ville, luxueuse, artistique et industrielle.

Peut-être n'avons-nous pas suivi, avec assez d'attention ces grandes opérations pendant qu'elles se produisaient. Il devait y avoir là pour nos architectes, nos sculpteurs et nos décorateurs un travail très intéressant et très lucratif. Nous nous désintéressons trop de tout ce qui se passe au point de vue édilitaire à l'étranger ; l'Allemagne qui en a un grand souci, qui envoie fréquemment des agents pour faire à ce propos des enquêtes,

en tire grand profit financièrement et artisti-
quement.

Ce n'est point exclusivement par la création d'une ville nouvelle, superbe, par des
manifestations extérieures d'un caractère
sentimental et politique, que les Hongrois
ont cherché à affirmer leurs revendications
d'indépendance nationale et à témoigner de
leur patriotisme : ils ont compris, comme je
le disais plus haut, que pour porter la Hongrie au rang d'une nation importante, il était
indispensable de lui donner une vie intellectuelle intense, une industrie et un commerce
sérieux. C'est aujourd'hui la loi générale qui
régit impérieusement tous les peuples et
leur impose les mêmes conditions d'existence
et de prospérité. A l'Académie hongroise des
sciences, fondée en 1827, à l'École polytechnique et à l'Université, qui datent déjà
d'un certain nombre d'années, sont venus

s'ajouter récemment plusieurs établissements grandioses d'instruction publique : l'Académie nationale de musique, sous la présidence de Listz ; le Musée national, dont les collections artistiques et scientifiques sont d'une richesse rare ; l'École vétérinaire installée dans une vaste et monumentale construction, sur la lisière de la ville. Le gouvernement a tenu à honneur de donner à Pest un musée de peinture : il a fait l'acquisition, moyennant trois millions, de la collection Esterhazy, longtemps admirée à Vienne. Il s'est constitué une Société des beaux-arts comptant environ 1.300 membres, qui s'est fait construire, en 1877, un palais et qui organise annuellement des expositions. A ce palais est contiguë l'Ecole nationale de dessin. Il y a deux théâtres pour la musique et la littérature hongroise, et de nombreuses associations littéraires et artistiques viennent donner à l'activité officielle le concours précieux de l'initiative privée pour le développement intellectuel de la nation. Dans la vie de ce peuple d'instincts aristocratiques, qui a la passion innée des belles choses, des œuvres d'esprit, dont l'imagination orientale est tempérée par un goût délicat et fin, tout d'affinités latines, l'art tient une grande place ; on est fou de musique, de danse, de poésie ; une chanson de Poetefi enflamme, une czarda de Tziganes transporte d'entousiasme, l'exposition d'une œuvre nouvelle de Munckasy est triomphale, et quand le théâtre populaire ou le théâtre national jouent *Bankban*, la tragédie de Joseph de Katona, ou *Ladislas Hunyadi*, l'opéra hongrois de François Eskel, les salles sont pleines d'auditeurs enthousiastes, fanatiques. Mais la sagesse des gouvernants de la nouvelle Hongrie ne veut point, avec raison, laisser ces qualités natives précieuses se diluer dans un dilettantisme platonique. Notre siècle est de fer ; celui dont l'aurore commence à monter à l'horizon sera d'acier ; une nation, sous peine de décadence complète, doit être une nation productive d'art et d'industrie, une nation de commerce. En Hongrie, l'agitation pour le développement des industries a pris une extension considérable, qui se traduit par la création de musées, d'écoles et d'usines. La grande source de richesse de la Hongrie est son agriculture. Les immenses plaines de la Puzta se couvrent chaque année de moissons abondantes qui ont fait longtemps de ce pays un des greniers de l'Europe. Une industrie meunière très perfectionnée convertit ces grains en farines qui jouissent sur tous les marchés du monde d'une faveur commerciale exceptionnelle et justifiée ; mais, aujourd'hui, la

Russie et l'Amérique font à l'agriculture hongroise une concurrence considérable, non seulement sur les marchés européens, mais au cœur même du pays, concurrence dont les conséquences provoqueront certainement à courte échéance des mesures radicales de protection.

Pour des hommes d'Etat clairvoyants, patriotes, ambitieux de la grandeur et de la prospérité de leur pays, la création d'une industrie nationale, en outre de l'agriculture, s'imposait comme une des conditions essentielles de sa renaissance politique et sociale. Le célèbre comte Étienne Szechenyi, l'un des fondateurs de la Hongrie contemporaine, avait, dès 1842, pris l'iniative de l'application de cette grande idée : une Société industrielle fut créée; elle fit des expositions spéciales; mais c'est de 1878, de l'Exposition universelle de Paris, où la Hongrie organisa une section indépendante, que date exactement le mouvement industriel de ce pays. Le gouvernement a fondé un Musée d'art et d'industrie, une école d'enseignement spéciale du dessin pour les industries artistiques ; un institut technologique ; la ville de Pest a créé des écoles primaires de dessin et des écoles professionnelles, et les principales villes ont suivi sur ce point l'exemple de la capitale.

La question qui se pose impérieusement, après l'étude de l'exposition de Pest et les visites aux musées qui contiennent les œuvres d'art industriel hongrois, le Musée national, le Musée des arts décoratifs, est celle-ci : la Hongrie a-t-elle un art national ? Il importe beaucoup, en effet, de le savoir avec précision pour porter un jugement sérieux sur les progrès et sur les conséquences du mouvement artistique qui se produit à cette

heure, en Hongrie, avec une très grande intensité. L'existence de types d'art originaux,
de traditions industrielles vivaces, n'est point
aussi inutile qu'on le croit généralement à
l'extension d'un mouvement de ce genre, et
elle explique bien des phénomènes qui pa-
raîtraient inintelligibles sans leur étude. Certains peuples européens, orientaux, des peuples asiatiques, ont eu beau s'assimiler avec
une rapidité vertigineuse les mœurs et les
coutumes des vieilles civilisations occidentales, abandonner avec empressement leurs
costumes, la parure de leurs habitations pour
y substituer nos innovations modernes ; cette
évolution, qui était la conséquence bien plus
d'une mode, d'une exagération sentimentale
d'aspirations à la civilisation européenne que
d'une conversion sincère et profonde à nos
idées et à notre goût, n'a été le plus souvent
que factice et temporaire. Presque toujours

la réaction la plus violente, la plus radicale,
lui a succédé. Les nations que nous appelle-
rons les nations prototypes, celles dont l'imitation a eu le plus de partisans, en donnent
elles-mêmes l'exemple.

La Hongrie a un art national et des traditions populaires qui en ont perpétué le goût
et la pratique. Sa généalogie est orientale ;
mais la multiplicité des races qui constituent
la nationalité hongroise, et le long contact
qu'elles ont eu entre elles sans qu'il en soit
résulté une fusion complète, l'influence de la
longue occupation turque, en rendant la filiation directe difficile à établir. Il faudrait pour
l'entreprendre, et pour arriver à des résultats
qui pourraient être encore hypothétiques, se
livrer à des études ethnologiques considérables. Dans la forme et dans la décoration de
la céramique, l'industrie première qui sert
généralement de base scientifique aux ana-

lyses de ce genre, il y a du persan, de l'arabe et du bysantin ; les fouilles archéologiques qui ont été faites dans l'ancienne Pannonie ont amené au jour des types de vases en bronze, en or et en argent, dont on retrouve des inspirations directes dans les productions hongroises et croates ; un céramiste a même eu l'idée d'en fabriquer des copies qui ont eu un grand succès dans le pays : la curiosité archéologique n'en est pas évidemment la seule cause.

A côté de cette céramique de caractère nettement oriental en est une autre, la céramique rustique, fort intéressante. Cette céramique a les mêmes formes, les mêmes proportions, le même décor que la céramique rustique du centre de la France, et, sans les affirmations réitérées des conservateurs de musées sur leur provenance hongroise, j'aurais pu penser avec conviction que ces pièces avaient été importées récemment de notre pays. Ce sont des pots à panses rondes, au col droit et large, munis d'une anse étroite ; des plats et des assiettes à larges marlis, des écuelles profondes à oreilles, décorés les uns et les autres, sur fond très cru vert, rouge ou jaune, de fleurs, de guirlandes, de grecques irrégulières, aux couleurs très tranchantes appliquées par empâtement à lourds coups de pouces. Les motifs plus compliqués sont empruntés aux outils d'agriculture, aux travaux des champs, aux animaux domestiques et à l'iconographie religieuse. Les bénitiers accrochés dans les chaumières sont les mêmes que ceux qu'on voit encore aujourd'hui dans les habitations des paysans français. Nous retrouvons là la cruche verte à biberon court et anse étroite à laquelle moissonneurs et faucheurs du Lyonnais, du Limousin et de l'Auvergne boivent à la régalade. A la suite de quelle migration cette poterie rustique si spéciale à notre pays a-t-elle été importée en Hongrie? Les motifs chrétiens qui abondent dans sa décoration ne permettent point de supposer à cette migration une route orientale.

La décoration du mobilier hongrois est presque entièrement arabe; dans les villages indigènes de l'Algérie, on rencontre les mêmes bahuts coloriés grossièrement avec des teintes violentes, crues, qui se trouvent dans les maisons des paysans bosniaques et croates, reproduites à l'exposition de Pest avec une fidélité saisissante. Les tapis qu'on fabrique en très grande quantité dans les provinces du Sud ont des analogies frappantes de coloris et de dessin avec les reproductions de l'Asie Mineure, du Turkestan et de la Perse. Il s'en exporte même, assure-t-on, par grandes quantités sur les marchés orientaux où l'Occident s'approvisionne. Quant à la bijouterie, les émaux qui y dominent comme éléments de décoration ont un caractère si nettement oriental qu'il n'est point aisé, au premier aspect, de distinguer entre la fabrication hongroise et celle de l'Orient. Les fourreaux de sabre et de poignard, les masses d'armes, les boucliers, les harnachements de chevaux rappellent, par leur ornementation touffue de pierreries, turquoises, grenats, rubis, les objets de même genre en usage dans les pays asiatiques. Bon nombre de colliers, de pendeloques, de ceintures, ressemblent à s'y méprendre aux bijoux d'origine hindoue. Tout, d'ailleurs, dans le costume hongrois, aussi bien celui des paysans que celui des nobles, a une physionomie orientale, sans aucune ressemblance de formes, de couleurs et d'éléments pittoresques avec le costume occidental, espagnol ou allemand, français ou italien. En Bosnie, les paysans gravent le cuivre et l'étain avec autant d'art et d'originalité que les artistes de Bénarès ou d'Ispahan. Aucune des anciennes industries n'a disparu complètement. Au fond des villages perdus des Carpathes, chez les Croates, en Transylvanie, on rencontre encore des artisans rustiques qui ont conservé les traditions des maîtres de jadis; mais, en général, dans toutes ses branches, la production artistique indigène a subi un certain abâtardissement, a perdu de son originalité et de son éclat. A l'exception de la céramique, qui occupe encore de nombreux ouvriers, elle est devenue très restreinte. Aujourd'hui, on tente à Pest de ressusciter la bijouterie; quelques maisons se sont récemment fondées, elles occupent un certain nombre d'ouvriers; mais la copie servile des anciens modèles semble être particulièrement le but poursuivi. Ainsi, à l'occasion du mariage de la princesse Stéphanie et du prince héritier, la ville de Pest a fait exécuter par un atelier de cette ville une parure qui a coûté 100,000 francs. C'est une œuvre d'un goût exquis, d'un très beau travail, mais elle a été copiée simplement sur une pièce du Musée national.

Le mouvement de renaissance des industries nationales qui se manifeste en Hongrie, et dont l'extension fait l'objet des préoccupations les plus sérieuses de ses hommes d'Etat, rencontre dans l'influence allemande un obstacle très lourd. Les Allemands ont pénétré là et y ont pris pied par leurs capitaux, par leurs ingénieurs et même par des immigrations ouvrières. Ils inondent le pays de publications de modèles empruntés à l'art allemand, d'une modicité de prix extraordinaire. Le Danube est pour l'industrie allemande une

voie d'Orient si utile qu'on ne doit pas s'étonner que ses rives soient un objectif permanent à ses appétits formidables d'expansion.
La Hongrie est en outre un marché de consommation assez important aujourd'hui, et
qui demain le deviendra plus encore, pour
que l'Allemagne veuille s'en emparer. La
grave question de l'entrée de l'Autriche-Hongrie dans le Zollverein, dont M. de Bismarck
poursuit en ce moment la solution, est une
forme de cette conquête industrielle et économique. La Hongrie sent fort bien que cette
union douanière amènerait l'écrasement de
ses industries naissantes; aussi, ce n'est
point sans un profond sentiment de perplexité qu'on y songe à l'échéance imminente
du traité douanier avec l'Autriche; le renouvellement de ce traité, qui a lieu dans deux
ans, compte des adversaires déclarés, en dépit des conséquences politiques que son rejet

pourrait produire. Si la Hongrie, en effet, n'avait point réussi, à l'heure de la conclusion d'une union douanière entre les deux empires, à se constituer une industrie solide, puissante, elle serait noyée sous l'invasion des produits allemands. Une nation qui pourrait lutter en Hongrie, d'influence commerciale et industrielle, est la France. Au point de vue social, elle a les sympathies du peuple hongrois, dont l'exubérance de démonstrations ne doit pas faire soupçonner la sincérité des sentiments intimes. Des ingénieurs habiles pourraient se faire dans les grandes exploitations agricoles, dans les mines, des situations excellentes; les productions artistiques y seraient très goûtées, et quelques branches d'industrie, les machines agricoles notamment, y trouveraient des débouchés importants. Mais en Hongrie, comme en beaucoup d'autres pays, j'ai constaté les mêmes causes qui s'opposent au développement de notre influence commerciale. Les agents, les courtiers, les commis voyageurs français sont presque inconnus en Hongrie, alors que le pays tout entier est envahi par des nuées de commis voyageurs allemands et anglais. La proportion n'est même point de 1 à 100. Et ces commis voyageurs sont, paraît-il, de merveilleux artistes en éloquence commerciale. Un négociant de Pest, qui connaît la littérature parisienne jusque dans ses romanciers *minores*, me disait plaisamment à leur propos : « Nous sommes des *guillotinés par persuasion*. Si on les chasse par la porte, ils rentrent par la fenêtre ; au besoin, ils descèndraient par la cheminée. »

A la veille de la moisson, les quais du Danube s ont obstrués de machines agricoles anglaises ; il y en a des milliers ; elles ont remonté le Danube sur des chalands venant des ports de la mer Noire, où des navires anglais chargés de fond de cale à la dunette les avaient transportées d'Angleterre. Les agents anglais les offrent aux grands agriculteurs à l'essai et avec des délais de payement qui dépassent une année. Ils font ainsi annuellement des affaires colossales. Il en est de même pour les autres produits industriels, que les étrangers fabriquent avec soin dans les conditions les plus minutieuses qui leur sont signalées par leurs clients. En outre des commis voyageurs, un grand nombre de maisons étrangères ont des représentants exclusifs à Pest, et l'on y trouve des comptoirs comme ceux de la maison Haas, de Vienne, qui sont de véritables palais encombrés de marchandises de tous genres.

La colonie française comprend quelques

14.

professeurs de français et des employés d'hôtels.

Les Allemands se chiffrent par milliers ; la plus petite ville hongroise a sa colonie allemande dont la solidarité favorise l'influence et les affaires. Il faut voir là une des causes les plus radicales de la décadence de notre commerce d'exportation. Nous n'allons point à l'étranger, nous Français ; les Allemands et les Anglais sont toujours par monts et par vaux ; ils sillonnent tous les pays du monde où l'on vend et où l'on achète quelque chose, et quand nos écrivains humoristes prétendent plaisamment que sur les parois de la pyramide de Chéops et sur les glaciers du Mont-Blanc, les Anglais affichent aujourd'hui leurs savons, ils ont fait en réalité l'éloge de cette nation industrielle et la critique des négociants de Paris, de Marseille et de Bordeaux.

Il y aurait à chercher s'il ne serait point

utile de créer en Hongrie, au moyen d'associations syndicales, avec le concours de l'Etat au besoin, des entrepôts, des musées temporaires ou permanents de marchandises qui, en raison de leur caractère artistique, de leur originalité, et en raison des affinités de goût des deux nations, pourraient obtenir une vente importante; il s'agit aujourd'hui, à défaut de la production à bon marché qui nous échappe, de s'emparer de la clientèle riche, dont les préférences paraissent acquises aux œuvres d'art français. Les bronzes et les meubles notamment, ainsi que les beaux articles de Paris, les fleurs et les plumes, lutteraient avantageusement contre les produits similaires autrichiens et allemands, qui sont généralement dépourvus d'élégance et de goût.

Dans l'organisation des écoles et des musées d'art et d'industrie, il n'y a ni innovations ni systèmes particuliers dont l'importation puisse nous être utile; les Hongrois ont créé les uns et les autres sur les types des établissements similaires d'Allemagne et d'Autriche que nous connaissons fort bien. Mais nous pourrions trouver dans les collections publiques de leur bijouterie et de leur céramique des mobiles intéressants, au point de vue de la forme, de la couleur et des émaux. Peut-être même, pour la première de ces branches de l'industrie artistique, y aurait-il à étudier si l'imitation ou l'inspiration des motifs anciens, qui sont toujours fort goûtés dans l'Europe orientale, n'offriraient point des éléments sérieux d'exportation à nos bijoutiers parisiens.

CHAPITRE X

RUSSIE

Évolution de l'influence européenne en Russie; La France et l'Allemagne en Russie; L'industrie russe; Son développement extraordinaire; Les usines et manufactures de Pétersbourg et de Moscou; L'ouvrier russe; Le communisme dans l'usine; L'expansion de la Russie en Orient.

Dans son art et dans son industrie, la Russie a subi, au siècle dernier et au commencement de celui-ci, des influences extérieures diverses : tour à tour, les Italiens, les Allemands et les Français y ont importé avec succès leur goût, leurs œuvres et leurs modèles. Un Italien, Rastreli, a construit un

grand nombre de palais à Saint-Pétersbourg,
Tsarkoe-Selo, un chef-d'œuvre d'originalité
et de fantaisie. La cathédrale de Saint-Isaac
est d'un Français, Ricard de Montferrand.
Thomas de Thomon a donné les plans du
Grand-Théâtre impérial, de la Bourse de Pétersbourg, du théâtre d'Odessa; Vallin de la
Mothe ceux de l'Académie impériale des
beaux-arts, des deux petits palais de l'Ermi-
tage, du palais d'Oldenbourg, qui rappelle le
garde-meuble de Gabriel. Le Blond est l'archi-
ticte de Peterhof et de ses magnifiques jardins. La plus belle œuvre de statuaire de la
Russie, le monument de Pierre le Grand à
Pétersbourg, est de Falconet; enfin, si l'on
consulte l'ouvrage de M. Dussieux, *Les Artistes français à l'étranger*, on y trouve la
mention de 173 peintres, sculpteurs, architectes, ornemanistes de grand nom, attirés en
Russie par les empereurs, les princes et la

noblesse pour décorer les palais et les jardins d'œuvres remarquables en tous genres. L'Ecole d'art, fondée par Elisabeth, a eu un Français, Le Lorrain, comme président, des Français comme professeurs; ainsi que l'Académie des beaux-arts, fondée par Catherine II, l'Institut des voies et communications, etc. L'industrie textile a été importée à Varsovie par Philippe de Girard, appelé par Alexandre Ier, et toutes les usines de soieries et d'étoffes qui ont été créées à Moscou et dans les grands centres industriels de la Russie, depuis vingt-cinq ans, sont l'œuvre de Lyonnais et d'Alsaciens. Depuis le premier Empire jusqu'en 1870, la France a tenu la première place parmi les nations exportant leurs produits en Russie. Ses soieries, ses meubles et ses articles de Paris étaient recherchés pour leur élégance et leur goût; et la mode russe s'inspirait exclusivement des modèles et des créations de la mode parisienne.

Depuis vingt ans, notre influence artistique et industrielle a été battue en brèche par l'Allemagne, s'infiltrant dans la société russe, envahissant l'armée, l'administration et l'industrie. Aujourd'hui, il serait dangereux, tout au moins inutile, de se le dissimuler : l'Allemagne a pris notre place et a substitué lentement son influence à la nôtre. L'art et la littérature de notre pays n'ont plus la même faveur; la langue française, qui était exclusivement la langue de l'aristocratie et du monde officiel, trouve partout à côté d'elle la langue allemande, qui pénètre même dans le peuple des grandes villes. Cet envahissement de l'Allemagne n'a été qu'une phase d'évolution. Aujourd'hui, l'Allemagne, aussi bien que la France, se heurte, sans la renverser, contre une nouvelle influence plus forte, plus écrasante.

La Russie, dans ces quinze dernières années, a marché à pas de géant vers son émancipation artistique et industrielle, et elle est parvenue à se mettre en situation de lutter avantageusement contre l'étranger et même de rejeter ses produits de consommation générale. Le tableau du mouvement général de la Russie de 1872 à 1881 donne les chiffres suivants : En 1872, importations, 407,657,000 roubles; en 1881, 476,134000 et en 1880, 578,324,000. Exportations : 1872, 311,553,000 roubles; 1879, 606,414,000, et 1881, 481,367,000 roubles. Les importations des tissus de soie ont baissé de 6,507,000 roubles (1872) à 2,252,000 roubles (1881); les importations de tissus de laine de 14,199,000 roubles à 7,711,000, après avoir passé par le chiffre de 16 millions en 1875. Par contre, les importations de matières premières ont subi une progression continuelle. De 35 millions en 1877, de 37 en

1873, les importations de coton brut se sont élevées à 84,499,000 roubles en 1881; celles des laines brutes de 5 millions en 1872 à 24 millions en 1881, celles de la soie brute de 6 millions à 10 millions pendant la même période. Et, depuis 1881, la progression aurait suivi la même marche. Comparativement aux autres puissances productrices, si j'analyse le même document officiel, j'y constate ceci: le commerce d'importation de la France en Russie n'a progressé de 1872 à 1881 que de 1,500,000 roubles sur 18,890,000 roubles, alors que celui de l'Allemagne est en augmentation de 48,000,000 de roubles sur 171,000,000 de roubles. Dans un rapport adressé au Ministère des affaires étrangères au commencement de l'année 1885 par le consul de France à Pétersbourg, je lis : « Le nombre des établissements industriels en 1870 était de 1,900: il s'est depuis cette

époque accru de 600; le chiffre de la population ouvrière est de 99,295 individus. »

Un rapport du consul de France à Moscou
signale en ces termes l'état de la situation
industrielle dans cette ville :

« Depuis 1870, le nombre des établissements industriels ne s'est guère accru, *si ce
n'est pour la soierie* ; mais, par contre, leur
importance a augmenté d'une façon considérable : la production des articles de coton
et de laine a presque doublé. Aujourd'hui,
les industries dominantes sont : la filature de
coton et de lin (la filature de laine peignée
manque), le tissage du coton, du lin, de la
laine, ainsi que de la soie, l'impression sur
coton et sur laine ; teinture du coton, de la
laine, du lin et de la soie ; la draperie ordinaire ; l'industrie des meubles ; l'orfèvrerie
fine et ordinaire ; articles ordinaires en cuivre
et autres métaux ; objets religieux ; papeterie

et papiers peints ordinaires et fourrures ordinaires et fines, etc. »

En onze ans (1872 à 1883), de 3,000 établissements industriels et 11,000 ouvriers, Varsovie s'est élevé à 5,000 usines et à 35,000 ouvriers. A Moscou, en 1871 il y avait 816 grandes fabriques avec 74,049 ouvriers. En 1882, la population ouvrière atteignait 171,488 personnes. En dix ans, le chiffre des ouvriers s'est donc accru pour Varsovie de 130 pour 100, et pour Moscou de 55 pour 100.

On voit par ces chiffres et ces renseignements officiels quels progrès la Russie a faits depuis dix ans !

J'ai visité à Moscou et à Pétersbourg un grand nombre d'usines et d'ateliers d'art et d'industrie pour étudier les conditions de leur production au point de vue de l'enseignement professionnel. L'organisation sociale des ouvriers, leur caractère et leur tempérament créent aux industriels russes une situation exceptionnellement favorable.

Les ouvriers sont des moujicks ou paysans que les chefs d'ateliers ont raccolés dans les villages, où ils étaient de simples cultivateurs. Un apprentissage d'un mois au plus a suffi pour leur apprendre à conduire d'une façon très habile leur métier. L'ouvrier russe est doué d'une intelligence très particulière. Il a au plus haut degré la faculté d'imitation et d'assimilation ; très doux, très patient, il obéit avec déférence à ses chefs, qui doivent, pour réussir, montrer beaucoup d'équité, de fermeté et de décision. En dehors de la passion de l'ivrognerie, à laquelle il consacre religieusement un jour de la semaine, l'ouvrier est très sobre ; il ne dépense presque rien pour sa nourriture, par suite du système de communisme qu'il a adopté. Une touloupe de peau de mouton en hiver, une chemise et un pantalon de coton en été constituent toute sa garde-robe, et l'atelier général où il travaille lui sert de logement pour la nuit. L'ouvrier russe campe pour ainsi dire pendant son existence industrielle ; sa véritable demeure est son isba (ferme), qui lui appartient, avec un champ que cultive sa famille et où toutes les années il se rend pendant la saison des travaux agricoles.

On peut résumer très exactement la physiologie industrielle et morale de l'ouvrier russe en le qualifiant de *machine* vivante. Sous la direction d'un contremaître intelligent, habile, qui lui démontre son travail et le suit attentivement pour rectifier ses fautes, il est capable de produire des chefs-d'œuvre d'élégance et de délicatesse. J'ai vu de ces moujicks tisser des velours, des étoffes de satin qu'un canut lyonnais ne désavouerait point. Le salaire de l'ouvrier russe n'est point élevé ; le plus habile ne gagne pas au delà de 1 à 2 roubles (le rouble vaut en moyenne 2 fr. 50). Le patron, en Russie, n'a point de grève à redouter, en raison de cette facilité du recrutement du personnel ouvrier et de la puissance de la police, qui surveille constamment, au moyen d'un agent spécial, tous les ateliers, et expédie en Sibérie ou met en prison, sans autre forme de procès, l'ouvrier soupçonné de tendances socialistes, promoteur de coalitions, etc.

Les fabricants de soieries ne craignent la concurrence étrangère que pour les articles de grand luxe, et le gouvernement vient de leur donner le bénéfice d'une surtaxe considérable à l'importation des soieries venant du dehors. Pour les matières premières, ils sont encore tributaires des marchés de Lyon et de Londres, ce qui les place dans une situation relativement défavorable vis-à-vis des concurrents étrangers et leur fait perdre, par l'augmentation des frais de transport, et en raison des droits très élevés de douane, de la nécessité de créer des stocks, les avantages d'une main-d'œuvre moins chère. Mais il se crée dans le pays des usines importantes pour mettre en œuvre les soies du Caucase, de la Géorgie, où l'industrie séricicole prend une grande extension, les soies de Chine et du Japon, qui seront importées directement en Russie par des maisons actuellement en voie de fondation. Le gouvernement s'intéresse activement au développement de cette industrie. Les chefs d'ateliers font venir leurs dessins et leurs modèles de France et d'Allemagne, en attendant que les nouvelles écoles de Moscou leur fournissent des dessinateurs habiles. Toutefois, les grandes maisons ont déjà des dessinateurs à leurs gages et travaillant exclusivement pour elles.

Les chefs de la plupart des fabriques de soieries de Moscou sont des Lyonnais qui se sont expatriés il y a quinze ou vingt ans et, après des débuts très modestes, sont arrivés à faire de grandes fortunes et à former des établissements qui occupent 1,000 à 2,000 ouvriers. Ils ont eu jusqu'ici une sorte de monopole, mais, depuis quelques années, il s'est monté des maisons entièrement indigènes, qui leur font une très grande concurrence, par une organisation spéciale d'ateliers de campagne, où le prix de la main-d'œuvre est encore plus réduit, et où l'exploitation de la machine ouvrière a été amenée à son expression la plus complète.

Il existe deux usines qui fabriquent exclusivement des brocards pour les ornements et les vêtements d'église ; elles sont très prospères : le clergé et l'État les favorisent spécialément. Toutes les étoffes qui ont servi aux costumes impériaux lors du couronnement du Czar avaient été fabriquées par elles.

L'industrie des étoffes imprimées a pris à Moscou un développement considérable. Quatre grandes maisons jettent quotidiennement sur le marché de cette ville 4,000 pièces ; la maison Hubner et C⁰ à elle seule en fournit 1,500. Cette maison, fondée et dirigée par des Alsaciens, est la plus importante ; ses produits peuvent lutter avec ceux des premiers fabricants de France, de Mulhouse et d'Angleterre ; elle a de nombreux dessinateurs français, alsaciens ou suisses ; elle achète des modèles à Paris et à Leipzig ; les dessins allemands sont moins beaux que les dessins parisiens et ne concernent que certaines spécialités restreintes. La maison recrute également des dessinateurs dans les écoles d'art industriel de Moscou ; mais ces jeunes gens ont en général les mêmes défauts et les mêmes qualités que le paysan russe employé dans les ateliers : ils sont des copistes admirables, des adaptateurs intelligents, mais le talent d'invention et l'originalité personnelle leur font encore défaut.

En 1876, on comptait en Russie un total de deux millions de broches, qui consommaient jusqu'à cent millions de livres anglaises de cotons. En 1881, le nombre des broches était de trois millions et demi. En 1814, y compris la Pologne, il atteignait le chiffre de 4 millions 400,000 broches, consommant 264 millions de livres anglaises de cotons.

Les ouvriers russes, dans l'industrie de la bijouterie et de l'orfèvrerie, ont une très grande habileté professionnelle ; ils sont de bons ciseleurs ; ils excellent dans la monture des pierreries. Là, comme dans les industries dont j'ai parlé précédemment, de l'aveu de

leurs patrons, ce sont des machines très intelligentes, qui exécutent rapidement, avec
une grande habileté, les modèles dont on
leur a préalablement expliqué avec patience
tous les détails, toutes les exigences de formes
et de couleurs. L'infériorité de l'industrie
actuelle est l'absence de bons dessinateurs
indigènes, d'excellents chefs d'ateliers ; mais
les directeurs des écoles d'art et d'industrie (1)
espèrent arriver à former les uns et les autres
par un enseignement très sérieux, par leurs
musées et au moyen des ateliers professionnels qu'ils organisent avec le concours de
maîtres d'industrie choisis avec soin dans les
ateliers russes et dans les ateliers étrangers.

Les orfèvres et les bijoutiers russes ne
cherchent point à exporter ; leurs produits

____

(1) Il y a en Russie 13 grandes écoles d'art industriel dont 2 à Pétersbourg et 3 grands musées d'art industriel, dont 2 à Pétersbourg.

sont trop lourds, trop épais et d'une matière trop chère. C'est en raison de ces qualités spéciales qu'ils ne redoutent point dans les produits supérieurs la concurrence étrangère. Pour les produits secondaires, le marché est envahi par l'industrie allemande, qui, malgré les droits de douane et les frais de transport, importent en grandes quantités une marchandise qui a beaucoup d'apparence, de l'éclat même, et se vend à très bas prix. Le Gostinoi Dvor et la Perspective Newski sont remplis de magasins où l'on débite abondamment cette marchandise de mauvais aloi. Les grands fabricants de Pétersbourg et de Moscou se tiennent avec un grand soin au courant de toutes les innovations européennes, de toutes les tentatives de restauration des anciennes productions, telles que l'émail translucide, l'émail champlevé ; ils appliquent les procédés des Japonais, font comme MM. Tiffany et Christophle du *mokoumé*, du *chakoudo*, du *sibouiti*, alliages variés de lames d'or, d'argent, de cuivre, de bronze, etc. La grande branche de l'art russe, toujours florissante, est la fabrication des pièces d'orfèvrerie religieuse avec émaux byzantins. MM. Klebnickoff, Atchnikoff, de Moscou, produisent en ce genre des œuvres superbes, d'un travail excellent et d'un goût élevé.

L'industrie du meuble est prospère. Les fabricants russes luttent avec avantage contre les fabricants allemands même pour les produits à bon marché. Il s'est créé depuis dix ans plusieurs nouvelles maisons qui fournissent presque exclusivement la cour, l'aristocratie et la bourgeoisie financière de meubles de luxe d'un rare mérite. En dépit des modèles dont l'Allemagne inonde la Russie, au moyen des grandes librairies d'art de Leipzig et de Stuttgard, et qui sont d'un bon marché exceptionnel, le goût public semble se porter de plus en plus vers le meuble de style français, de l'époque Louis XVI. Un meuble qui obtient à cette heure un certain succès est le meuble à incrustations de bois de couleurs, pour la décoration fixe des grands appartements ; la mode est également aux panneaux de hêtre et d'érable, avec ornements obtenus au moyen du flambage. Les écoles d'art et d'industrie ont ouvert des ateliers spéciaux d'application de ce procédé. Les meubles dans le style national russe sont également très goûtés et donnent lieu à un commerce intérieur assez important.

L'importation allemande a pour base principale la céramique à bon marché. On en fabrique très peu en Russie, où il n'existe point de céramique nationale ; les paysans se

servent habituellement de vases en bois ver-
nissé, et les riches n'employaient guère jadis que de la vaisselle d'étain, d'or ou d'argent. Les quelques échantillons de céramique
russe que possèdent les musées sont moins
des types originaux, possédant des particu-
larités caractéristiques de lignes, de décoration et de matière, que des combinaisons
bizarres et uniques de dessins et de formes
produites par un hasard qui a rarement de
l'esprit et du goût. Cela ne dérive d'aucunes
traditions connues, d'aucun art antérieur. On
ne possède point d'ailleurs la moindre indi-
cation historique de provenances, de marques et de dates. A Pétersbourg, il y a cinq
faïenceries occupant 204 ouvriers, et une
seule fabrique importante de porcelaines,
qui est la fabrique impériale fondée en 1744.
Elle a 200 ouvriers et un budget annuel de
300,000 francs environ. La manufacture est

exclusivement chargée de fournir les palais et les châteaux impériaux. Le czar et l'impératrice seuls ont le droit d'y donner des ordres et de disposer des produits. On y est occupé presque continuellement à faire des copies d'anciennes pièces pour des services dépareillés. L'habileté d'imitation qui forme, comme je l'ai dit plusieurs fois, le fond du tempérament de l'ouvrier russe, se donne libre carrière dans ce genre de travail ; aussi la plupart des ouvriers décorateurs de la manufacture sont-ils arrivés à pasticher les œuvres du passé, de façon à ce que l'original puisse être très difficilement distingué de la copie. Tout en se tenant avec grand soin au courant de tous les perfectionnements étrangers, et disposant de moyens et d'éléments supérieurs de production, la fabrique impériale n'exécute point d'œuvres originales et de grande valeur artistique. Au moment de ma visite, on terminait un grand service de table pour le palais d'hiver, dont la décoration était la reproduction adaptée à la céramique des peintures des Loges de Raphaël d'après des photographies ; ce travail n'est point beau. La fabrique a une école de dessin et d'apprentissage qui ne donne pas de résultat — (ses modèles nouveaux sont généralement demandés aux écoles d'art de Pétersbourg) ; — un laboratoire de chimie, un musée important et une bibliothèque artistique très riche. La production de ce grand établissement impérial est sans aucune influence sur l'art national, en raison de son organisation et de son fonctionnement. La cour n'achète jamais à l'industrie privée, et les œuvres qui sortent de la fabrique ne peuvent servir de modèles, expédiées immédiatement dans les palais et résidences de la couronne. Aussi, comme je l'ai dit, il n'y a

pas à proprement parler d'industrie nationale de céramique. Les quelques fabricants
actuels se contentent de copier servilement
et sans succès les produits étrangers, surtout
ceux de l'industrie française. Ils arrivent à
produire à un bon marché relatif ; mais la
marchandise est mauvaise. La faïence, aussi
bien que la porcelaine, se laisse rayer au
couteau ; la couverte est jaune, l'émail gra-
nulé, boursouflé. L'Allemagne lutte aisément
contre une production aussi inférieure. La
céramique artistique française pourrait trouver là un débouché important, malgré les
droits de douane, à condition qu'on n'impor-
tât que des œuvres de grande valeur et d'un
goût irréprochable.

L'industrie du bronze a été très prospère
pendant une longue période. Le prince de
Leuchtenberg avait fondé une grande manufacture qui a produit beaucoup un instant

et qui, après avoir absorbé de nombreux capitaux, a disparu. Un Français, M. Chopin,
pendant un demi-siècle, a tenu la première
place dans cette industrie. Il liquide aujour-
d'hui sa maison. La dernière statistique industrielle de Pétersbourg, publiée en 1882,
mentionne neuf fabriques occupant 387 ouvriers. L'Allemagne et l'Autriche exportent
en Russie beaucoup de petits bronzes, d'ap-
pareils d'éclairage. D'après les renseignements que j'ai pu recueillir, le bronze d'art
parisien pourrait donner lieu à un mouvement commercial important dans les mêmes
conditions que celles que je signalais pour la
céramique artistique. A Moscou, on fait beaucoup de bronzes de décoration pour les cathé-
drales et les églises. A l'exposition d'industrie,
qui a eu lieu en 1885 dans cette ville, la car-
rosserie a été fort remarquée pour ses qualités exceptionnelles du travail, pour l'élégance

des formes et le bon marché de ses produits.

Une industrie particulière et exclusive à la Russie, dont la production devient fort importante, est l'imagerie religieuse. Dans les environs de Moscou et de Cazan, il y a de nombreuses manufactures d'*icones* simplement peintes sur bois, sur cuivre ou ornées de reliefs en cuivre, en chrysocale, en argent et même en or. Le système de la division du travail est appliqué de la façon la plus complète dans cette industrie, qui recrute ses ouvriers parmi les moines et les paysans. Cinquante personnes passent sur une image : l'un fait les yeux, l'autre le nez ; toutes les parties du corps et des vêtements sont ainsi distribuées à des spécialistes qui, toute leur vie, ne changent point de travail. Il est inutile d'ajouter qu'aucun d'eux ne possède la première notion de dessin et d'art ; tous les *icones* populaires, d'ailleurs, sont

peints d'après des types immuables, trans-
mis de Byzance, du mont Athos aux couvents
moscovites, sans corruption ni amélioration.
La consommation en est très considérable,
pas un Grec orthodoxe n'omettant de placer
dans sa maison une sainte image devant laquelle brûlent nuit et jour des cierges ou des
lampes.

L'industrie artistique française se trouve
aujourd'hui en Russie en présence d'une situation économique et sociale, complexe
dans ses éléments, mais bien simple et très
nette dans ses conséquences. La Russie a
une industrie indigène puissante qui, pour
les produits de consommation ordinaire,
peut suffire au besoin de ses habitants. L'é-
lévation des tarifs de douane, décrétée au
mois de juin 1885, prouve la volonté bien
arrêtée du gouvernement de restreindre et
même d'arrêter complètement les importa-

tions étrangères. Nous n'avons donc plus à espérer désormais pouvoir relever notre commerce ordinaire d'exportation, qui, après avoir été très prospère, est, depuis quelques années, tombé en décadence. Le marché russe ne nous reste ouvert que pour les produits artistiques et de haut prix, où la matière ne joue qu'un rôle insignifiant et où le goût de nos artistes, qui ne peut être taxé proportionnellement à son mérite nous assurera la préférence sur les articles inférieurs importés par l'Allemagne ou exécutés par les Russes. Mais, pour réussir, il est indispensable que nos industriels rompent avec leurs habitudes de nonchalance et de routine commerciale ; qu'ils aillent en Russie, qu'ils se créent des relations, qu'ils organisent des entrepôts, des maisons d'exportation et de vente.

D'un autre côté, nous devrions agir par tous les moyens possibles pour ne point laisser disparaître en Russie l'influence française qui était hier si considérable. Notre littérature est moins goûtée, le théâtre français de Pétersbourg est en décadence et la colonie ne tient plus aujourd'hui le haut rang qui lui assurait pendant la guerre de Crimée la protection spéciale et directe de l'Empereur Nicolas, en raison de l'estime profonde et publique qu'il professait pour tous ses membres. Cette situation, par ses conséquences, mérite d'attirer l'attention du gouvernement. La Russie se préoccupe activement de s'emparer du marché oriental, qui lui est directement ouvert par les routes du Caucase, du Turkestan, de la Kachgarie, etc. Les affinités historiques qui existent entre l'art russe et l'art oriental faciliteront une assimilation rapide et complète des procédés de fabrication, des traditions et du goût des peuples d'Orient. Nous devons veiller avec soin à ce mouvement industriel et commercial de la Russie vers l'Asie qui, combiné avec celui dont j'ai signalé les progrès en Autriche, pourrait détruire complètement notre commerce en Orient, si nous négligeons imprudemment d'employer l'activité, l'audace et l'énergie dont nos concurrents nous donnent l'exemple.

Les initiateurs de la renaissance russe, que n'ont point découragé, mais bien plutôt excité les déceptions de la première heure, sont les agents instinctifs d'une évolution nationale qui n'a point pour seule base, comme on pourrait le croire, un patriotisme sentimental et poétique. M. de Boutowski écrivait un jour à propos de la fondation du Musée de Moscou : « Le Musée voudrait amener l'industrie russe à faire exclusivement usage, dans sa partie artistique, de l'ancienne ornementation. Mais surtout il voudrait restaurer l'art de l'iconographie sacrée. C'est d'une très haute importance pour le peuple russe ; cela exercerait sur la nation une influence des plus salutaires. Tous les travaux du Musée n'ont pas été accomplis seulement dans la pensée d'accroître l'instruction du peuple russe et d'aider au progrès matériel de l'industrie ; ils ont été inspirés par des vues plus hautes. On attend d'eux un effet moral, une influence religieuse. Ils doivent aider aussi à poursuivre le développement historique de la nation. » Sous cette floraison de mysticisme patriotique éclate une pensée politique profonde, avec toutes les conséquences positives que comporte cette qualification, empruntée à une science sociale dont le commerce et l'industrie sont aujourd'hui les éléments essentiels.

A tous ces peuples immenses qu'elle conquiert chaque jour, la Russie a l'ambition d'imposer non point seulement sa domination militaire, mais sa domination morale et sociale. L'art n'est-il point l'agent le plus délicat et le plus puissant de cette conquête des intelligences et des mœurs? L'art russe est le reflet sincère du tempérament et du caractère moscovites. A travers toutes les invasions de styles étrangers, malgré toutes les tentatives officielles impériales pour le transformer dans le goût occidental, il a gardé intacte l'originalité étrange de ses formes, la naïveté audacieuse de sa décoration, l'archaïsme archiséculaire de ses images, ses types primitifs de construction, comme le peuple russe est resté le même, toujours un peu sauvage malgré le vernis de la civilisation européenne, fanatique et superstitieux, en dépit des philosophes et des savants qu'il a accueillis et qu'il admire.

L'art en Russie est religieux ; la religion est une des formes de la politique nationale. Le mouvement de renaissance artistique que la Russie poursuit réussira donc fatalement, parce qu'il est le corollaire naturel de son évolution politique et sociale. Or, l'art russe exercera, ne l'oublions point, son influence sur plus de 100 millions d'habitants.

CHAPITRE X

ITALIE

Évolution économique de l'Italie; Mouvement artistique; Les écoles et les musées d'art et d'industrie; Risorgimento politique et risorgimento
industriel; Quelques chiffres de son commerce
extérieur.

Les expositions de Vienne, de Philadelphie
et de Paris ont démontré au gouvernement
italien, par la comparaison des produits nationaux avec ceux des autres pays, combien
l'Italie était en décadence artistique, combien elle s'était laissée devancer par l'Angle-

16.

terre, la France, l'Allemagne et l'Autriche.
En outre, le percement des Alpes sur plusieurs points de sa frontière, le Mont-Cenis,
le Gothard, le Brenner, le Summering, la
création récente du tunnel de l'Arlberg, ont
ouvert de tous côtés le marché italien à l'invasion des produits français, allemands et autrichiens. En présence de cette situation économique nouvelle qui révolutionne complètement son commerce et son industrie,
l'Italie se préoccupe vivement d'arriver à
lutter avec avantage contre l'étranger, en mo-
difiant les conditions actuelles de sa production industrielle et artistique. Dans le pays
entier, en Piémont, en Lombardie, comme
dans les provinces napolitaines et en Sicile, il
y a actuellement une agitation très sérieuse,
point superficielle, comme on semble le
croire, pour provoquer une renaissance nouvelle ; et cette agitation, particularité d'une

haute importance, est toute locale et provinciale. Elle a été commencée et poursuivie avec persévérance par des sociétés privées, par des groupes d'industriels et de riches amateurs et par les municipalités qui, avec leurs ressources privées, provenant de cotisations, de dons, de subventions municipales et provinciales, ont fondé des écoles et des musées. Demain, l'organisation de toutes ces institutions prendra une forme nationale ; le gouvernement leur donnera une unité de direction d'enseignement ; mais je crois devoir insister vivement sur le caractère d'initiative provinciale de décentralisation en cette question, pour montrer combien le mouvement est profond, combien il répond à l'opinion du pays, sans être simplement le résultat d'une entreprise gouvernementale basée sur l'imitation des institutions étrangères. Le gouvernement italien, en s'occupant aujourd'hui d'organiser ministériellement l'enseignement des arts industriels et le fonctionnement des écoles et des musées qui s'y rattachent, obéit, plus qu'il ne l'inspire, à une impulsion vigoureuse et irrésistible qui part de tous les points du pays.

L'étude des voies et moyens pour favoriser le développement des industries artistiques nationales a été entreprise dans des conditions très sérieuses. En dehors d'un très grand nombre de publications privées faites par des écrivains d'art dont l'opinion a de l'autorité, le ministère de l'industrie, du commerce et de l'agriculture a fait procéder à plusieurs enquêtes spéciales officielles sur la situation des écoles d'art industriel du royaume, sur l'état des musées spéciaux de province. Une mission a été donnée à M. le prince Balthazar Odelscachi et à M. Erculeï, secrétaire du Musée artistique industriel de

Rome, pour aller étudier en Angleterre, en France et en Belgique, l'organisation des écoles et musées d'art et d'industrie. L'étude des musées de Berlin, Munich, Nuremberg et Vienne a fait l'objet de missions officielles analogues. La question de l'organisation nationale de l'enseignement artistique industriel a été portée plusieurs fois au Parlement italien ; l'année dernière, une longue et fort intéressante discussion a été provoquée à la Chambre des députés, par MM. Minghetti, Odelscachi, Martini, etc., pour la création d'un musée national à Rome. Aujourd'hui fonctionne une Commission mi-parlementaire et mi-administrative pour l'examen des projets divers qui ont été proposés dans ce but. Au commencement de juin 1885, le Ministre de l'instruction publique et des beaux-arts, M. Coppino, visitant le musée et l'école d'art industriel de Naples, annonça it officiel lement la mise à exécution prochaine des projets d'organisation de l'enseignement de l'art industriel. Le mouvement est ainsi arrivé aujourd'hui au période de la réalisation. L'œuvre colossale que poursuit le pays avec une réelle énergie est à la veille d'être exécutée.

L'enseignement spécial de l'art industriel est donné actuellement en Italie par 64 écoles qui comprennent un chiffre total de 6,260 élèves (je ne fais mention que pour mémoire des écoles d'arts et métiers et de professions féminines au nombre de 72, qui donnent une instruction simplement professionnelle et technique à 10,014 élèves). — Les écoles les plus importantes sont :

Naples	635	élèves.
Milan	606	»
Come	664	»
Turin	424	»
Padoue	404	»
Catane	378	»
Rome	169	»

Ces 64 écoles donnent un enseignement à des degrés divers et avec des systèmes variés.

On ne peut encore apprécier généralement les résultats produits dans l'industrie italienne par les écoles et musées d'art et d'industrie actuels. Ces institutions sont trop récentes ; les plus importantes ne remontent pas au delà de trois ou quatre ans. L'école de Naples est de 1882 ; celle de Milan, de 1883 ; celle de Vérone, de 1882. Les élèves, pour la plupart, n'ont point terminé leurs études. En Italie, même dans les grandes villes, la main-d'œuvre est bon marché : les ouvriers des industries d'art ont une habileté de main rare et une rapidité très grande de travail. Mais les produits qui sortent de leurs mains manquent en général de goût et d'élégance : les traditions des belles formes de la Renaissance ont disparu pour des raisons multiple

qu'il serait trop long d'exposer. Le consul
général de France à Naples, avec qui je cau-
sais de cette question relativement aux ouvriers de cette ville, me disait : « Le peu de
solidité des études artistiques sans lesquelles
ne peuvent se former de véritables sculpteurs
se ressent dans l'art industriel de Naples ; à
l'exposition générale de Turin, la céramique
de Naples n'a pas fait grande figure, bien
que son originalité extrême ait empêché
qu'elle passât inaperçue. Mais aucune pièce
de ce pays ne sort d'une moyenne assez mé-
diocre. Le plus grand mérite de ces objet
est jusqu'à présent un extraordinaire bon
marché. » A Rome et à Venise, j'ai recueilli
les mêmes impressions sur le caractère de la
production artistique. Quand le mouvement
considérable qui se manisfeste partout aujourd'hui pour la renaissance des études artistiques aura produit ses effets, que les ou-

vriers auront recouvré ce goût, cette grâce
et cette élégance des œuvres industrielles
des xv\u1d49 et xvi\u1d49 siècles, ignorées ou mécon-
nues par eux, le bon marché donnera à leurs
produits une incontestable faveur auprès des
négociants et des acheteurs. Or, les écoles et
les musées d'art et d'industrie, dans un temps
très rapproché, produiront des résultats importants ; cela est indéniable. A Naples, j'ai
vu exécuter dans les ateliers de l'école, dirigée très habilement par un groupe d'artistes
de grand mérite, un pavage en briques émail-
lées, style du xv\u1d49 siècle, destiné à la salle
d'honneur du palais Como, qu'aucun industriel n'avait osé entreprendre. Tous les
plus habiles élèves de l'école sont déjà enga-
gés par les chefs d'industrie napolitains, cé-
ramistes, bronziers, orfèvres, comme futurs
contremaîtres ou dessinateurs. A Venise,
bon nombre de patrons, comprenant fort

bien l'utilité de l'école industrielle artistique, font suivre leurs cours par leurs enfants et par leurs ouvriers. Pour en favoriser la fréquentation, les cours ont lieu le matin, de six à huit heures, et le dimanche, dans la journée. La municipalité et la province tiennent en si grande estime cette institution qu'elles en ont presque doublé le budget cette année. Le Ministère de l'agriculture et du commerce a fait participer à l'exposition d'Anvers les écoles secondaires des arts industriels qui y ont envoyé leurs dessins et leurs productions. La comparaison avec les expositions étrangères analogues présentera un grand intérêt. Le fait seul que les Italiens ne craignent pas de se mettre sur ce point en concurrence publique avec les autres puissances étrangères, dont les écoles sont toutes plus anciennes et mieux organisées, prouve combien ils ont le sentiment

de la nécessité de lutter avec énergie et la
conscience d'avoir déjà fait quelque chose
dans ce but. Ils estiment, en outre, que la
restauration des industries artistiques est le
seul moyen de provoquer chez eux une nouvelle Renaissance des arts. Le passé est là,
en effet, pour leur donner raison ; le grand
mouvement artistique qui a porté si haut
l'Italie aux xv⁰ et xvi⁰ siècles, est parti presque
tout entier des ateliers et des boutiques d'artisans.

Les prédécesseurs et les maîtres de Michel-
Ange, de Raphaël, de Léonard de Vinci,
d'Andréa del Sarto furent des artisans de
génie, de simple orfèvres et des bronziers :
les Ghiberti, Brunelleschi, Jacopo della Quer-
cia, Lucca della Robia, Donatello, Masac-
cio, etc. L'Italie a terminé sa nouvelle évolution politique et sociale. L'unité est accom-
plie. Au Risorgimento par les batailles et les

combats, par les conspirations patriotiques et l'agitation des esprits, a succédé un Risorgimento artistique, industriel et commercial que l'Italie tout entière poursuit avec autant d'énergie que de constance. Depuis quinze ans, les exportations italiennes ont doublé; l'industrie nationale a pris une extension considérable dans le Piémont et en Lombardie; les usines s'y multiplient. Avec certains pays le commerce d'exportation de l'Italie a pris un développement considérable. Pour l'Allemagne, il s'est élevé de 7,300,000 francs en 1872, à 73 millions en 1882; pour les Etats-Unis et le Canada, de 28 millions à 61, pour la France, de 447 millions à 469; pour la Turquie, de 5 à 13 millions; pour l'Egypte, de 13 à 19 millions; pour la Grèce, de 5 à 12 millions; pour l'Espagne, de 10 à 22 millions. Par contre, elle perd en Angleterre 42 millions; en Autriche, 74 millions; dans l'Amérique du Sud, 27 millions; en Russie, 4 millions. Pendant les 11 premiers mois de 1885, comparé à la même période en 1884, le commerce d'exportation a gagné 52.877.053 francs; le commerce d'importation 212.254.599 francs qui portent principalement sur les cotons, laines, charbons et spiritueux. Le gouvernement porte tous ses efforts et toutes ses préoccupations sur les questions commerciales et industrielles. Il projette de créer à Naples et dans la région des établissements métallurgiques importants, une succursale d'Armstrong à Castellamare; à Pouzzole, une sorte de Creuzot. L'arsenal de Venise, qui ne fabriquait que des bâtiments secondaires, a fait un vaisseau du type *Dandolo* et du *Diulio*, dont le lancement a eu lieu fin juin 1885. Il faut donc s'attendre à voir l'Italie devenir une grande nation artistique et industrielle. Cette renaissance répond d'ailleurs à une loi historique dont les effets se retrouvent chez toutes les nations : « En chaque pays, a écrit M. Taine, la riche invention de l'art a pour précédent l'énergie indomptée dans le champ de l'action. Le père a combattu, lutté, souffert héroïquement et tragiquement; le fils recueille aux lèvres des vieillards la tradition héroïque et tragique, et protégé par les efforts de la génération précédente, moins pressé par le danger, assis dans l'œuvre paternelle, imagine, exprime, raconte, sculpte ou peint les fortes actions, dont son cœur, encore soulevé, sent les derniers retentissements. » Nous devons observer avec attention le mouvement qui se produit en Italie. Il intéresse au plus haut degré notre industrie artistique et notre commerce. Il est pour nous une menace de concurrence sérieuse.

CHAPITRE XII

Il y a crise commerciale, industrielle et artistique : Personne ne peut le nier. Tout le monde en souffre ; car cette crise n'est ni locale, ni spéciale, ni accidentelle ; elle pénètre l'organisme social tout entier.

La crise est violente, parce qu'elle est la résultante d'une révolution sociale et économique qui nous a surpris, et contre laquelle nous nous épuisons dans une réaction inutile.

Tout à cette heure, dans le monde, est en transformation radicale : outillage industriel, conditions de production, conditions de consommation, transports, échanges, commerce. Ce n'est point impunément que la civilisation contemporaine bouleverse le globe, troue les montagnes, ouvre les isthmes, supprime les distances, découvre des marchés nouveaux. Il en résulte un bouleversement général de la vie sociale, des mœurs et de la politique.

Tous les peuples entrent en concurrence commerciale et industrielle. Les nations du nouveau monde qui, il y a trente ans, vingt ans, dix ans même, achetaient tout à l'Europe, lui vendent de tout aujourd'hui. L'Orient est devenu un marché immense de production autant que de consommation et demain les Indes, la Chine et le Japon, ateliers de 500 millions d'hommes, inonderont

de leurs produits notre continent et les Amé-
riques.

Cette révolution économique et sociale
n'impose-t-elle point à l'Etat une politique
nouvelle? à la nation, une réorganisation
industrielle et commerciale, en conformité
avec les nécessités de la situation nouvelle
que la révolution a créée?

Le ministère du commerce ne doit-il pas
être aujourd'hui un des premiers ministères,
étant le ministère de la vie même du pays?

Le régime d'impôts n'est-il pas à modifier complètement? Les impôts actuels nous
écrasent non point tant comme quantité et
lourdeur, que par leur mauvaise répartition.
Ils placent l'industrie nationale dans une
cruelle situation d'infériorité, vis-à-vis de
l'industrie étrangère, qui, presque partout,
reçoit en franchise le charbon, le fer,
l'acier, éléments essentiels de la produc-

tion. L'Etat abat l'arbre pour prélever sa dîme de fruits.

Les chemins de fer, les canaux peuvent-ils continuer, sans danger pour l'industrie nationale, à être des industries privées, poursuivant la réalisation de bénéfices et grevant ainsi la production publique de droits onéreux, écrasants?

Les colonies doivent-elles, comme par le passé, être des colonies de fonctionnaires, et non des colonies de commerçants, d'industriels, d'agriculteurs ?

Le Parlement donne-t-il aux questions économiques et industrielles la place prépondérante qu'elles doivent occuper dans ses études et dans ses délibérations? La politique pure, politique religieuse, politique ministérielle, politique historique domine tout, absorbe tout.

Notre éducation commerciale et industrielle est inférieure à celle de nos concurrents étrangers. L'Etat, qui possède virtuellement le monopole de l'instruction publique, a le devoir impérieux d'opérer d'urgence dans ce but des réformes profondes. Il faut qu'il crée des écoles, des musées d'instruction professionnelle, d'éducation artistique. L'étranger est aujourd'hui doté de toutes ces institutions, prospères, riches, qui nous ont suscité des rivaux dangereux là où nous n'avions, jusqu'ici, que des imitateurs serviles.

La routine administrative, toujours aussi pesante, nous écrase sur sa route d'ornières, comme le char de Jagernau écrasait les fanatiques hindous. Le fonctionnarisme continue à être un état dans l'État ; et les ministres les plus dévoués, les plus forts, sont impuissants à réaliser les réformes nécessaires, réclamées par le pays, auxquelles le fonctionnarisme, par tradition, fait opposition constante.

L'initiative privée supplée-t-elle à l'inertie, à l'impuissance de l'État ? Les corporations, les associations commerciales, industrielles, qui existent en grand nombre, pourvoient elles, à la défense de leurs intérêts, à l'expansion des forces et de l'activité nationales ? Il n'existe entre elles qu'une solidarité inconsistante, sans émulation féconde ; elles n'ont ni l'autorité sociale, ni la puissance financière, pour imposer leurs idées et pour mettre à exécution leurs projets. Elles ont borné, jusqu'ici, leur ambition à des œuvres secondaires, et nullement en relations avec les besoins sociaux et avec la grandeur des intérêts publics qu'elles représentent en principe.

Et c'est là cependant qu'est la solution d'un des problèmes économiques soulevés par la révolution actuelle. Nous marchons fatalement à la reconstitution des grandes corporations industrielles, des compagnies commerciales de jadis, sous des formes nouvelles en compatibilité avec l'état social présent. Dans dix ans d'ici, sans aucun doute, nous aurons des parlements spéciaux de commerce et d'industrie. Mais le temps perdu dans les discussions byzantines, dans les hésitations, ne se regagne point; en ce siècle dévorant, les années comptent décuple.

L'étranger nous donne déjà partout l'exemple de ces innovations sociales, qui paraissent audacieuses dans notre pays de révolutions ! Les travaux gigantesques de la Clyde, de la Mersey, de l'Escaut, ne sont-ils point l'œuvre exclusive de Chambres de commerce et de Syndicats de marchands? Le nouvel Etat libre du Congo n'est-il point sorti d'un syndicat financier? Une partie importante du commerce et de l'industrie de l'Autriche ne s'est-elle point syndiquée en une grande

Société austro-asiatique pour exploiter commercialement tout l'Orient ?

L'association coopérative est le mode scientifique qui s'impose de plus en plus à la production et au commerce. Il doit s'étendre à tout ce qui peut contribuer à développer l'extension de l'un et de l'autre.

La mission de l'Etat est d'encourager la propagation et l'application des idées d'association, de fournir à l'initiative privée ou collective tous les éléments de succès qu'il possède, et ils sont nombreux et variés. Les Chambres de commerce, les Syndicats d'industrie, ont le droit d'attendre de lui un appui efficace et une indépendance absolue, leur permettant d'acquérir les seuls moyens d'action puissante, le nombre et l'argent.

Il y a dans notre pays des forces immenses, latentes et en activité. Le peuple de France est laborieux, énergique, intelligent, d'un patriotisme éclairé et ardent. Dans toutes les branches de la production intellectuelle nous avons des hommes qui font l'admiration et excitent l'envi de l'étranger. Le monde entier proclame la supériorité de notre goût, la prééminence de notre art. La République a clos la série des révolutions politiques, des coups d'Etat, des émeutes; elle assure le fonctionnement régulier des institutions nationales et l'exécution loyale de la volonté du pays. Nous sommes donc, en principe, dans les conditions sociales les plus favorables pour tenir le premier rang parmi les nations. Mais il nous faut grouper dans un faisceau puissant toutes ces forces égaillées, annihilées; il nous faut marcher à la tête de la révolution économique et industrielle, comme il a été jusqu'ici de notre mission historique de marcher à la tête du mouvement des idées. Or, aujourd'hui, nous avons laissé l'Allemagne, l'Angleterre nous devancer. Nous sommes restés indolemment stationnaires, pendant que nos voisins faisaient des progrès considérables, organisaient un outillage perfectionné, outillage intellectuel et outillage matériel. Tout le génie de leurs hommes d'Etat se concentrait dans le développement du commerce et de l'industrie, dans l'expansion extérieure de la nation.

Si l'État, le gouvernement, ont encouru une grande responsabilité dans la crise actuelle, s'ils ont aujourd'hui une mission politique et sociale, impérieuse, à remplir pour la faire disparaître, l'analyse impartiale et sévère des causes de cette crise a permis de déterminer également la part qui revient à la nation elle-même, individuellement, dans cette responsabilité et dans les devoirs qu'elle impose.

J'ai cité, au cours de ce volume, un vœu formulé fréquemment dans les rapports des Délégations ouvrières aux expositions et dans les Commissions d'enquête, celui de voir les chefs d'industrie mettre leurs fils appelés à leur succéder, en relation plus constante avec les ouvriers dans les ateliers, afin qu'ils se connaissent et s'apprécient mutuellement. Il y a là, sous ce vœu modeste, la critique la plus juste d'une de nos plaies sociales. L'industrie et le commerce, en dépit de la démocratisation progressive de nos institutions politiques, n'ont point encore conquis dans nos mœurs et dans l'Etat le rang qu'ils y doivent occuper. On les considère moins comme des positions sociales, définitives, dignes d'être perpétuées dans une famille, en héritage inaliénable d'influences et d'honneurs, que comme un procédé transitoire de faire rapidement fortune et d'entrer ensuite dans une aristocratie oisive, dans la bourgeoisie de robe ou d'épée, ou dans le fonctionnarisme. Le commerce et l'industrie deviennent, dans ces conditions, des exploitations implacables, cruelles, où l'ouvrier n'est plus que de la chair à machines, sans sécurité pour le présent et pour l'avenir, où le chef abdique la mission patriarcale de patron, en harmonie avec ses ouvriers, se préoccupant de leurs besoins physiques et moraux, solidaire de leur prospérité. De là les haines sociales farouches, les grèves désastreuses et la misère héréditaire.

On demande à l'Etat de constituer des caisses de retraite pour les invalides du travail, des caisses d'assurances ouvrières, de donner des monopoles aux syndicats ouvriers. Ce sont là des hérésies sociales et morales, qui trahissent la désespérance et l'ignorance des promoteurs; c'est aux ou-

vriers et aux patrons à créer solidairement ces
institutions qui peuvent neutraliser les conséquences néfastes des accidents, des mala-
dies, des chômages, et qui permettent d'assurer l'existence à ceux que l'âge ou des infir-
mités rendent incapables de travailler pour
vivre. « Aide-toi, l'Etat t'aidera. » L'amour de
l'épargne, la préoccupation des idées d'association et de protection mutuelles, donnent
autant de bénéfices moraux, que des avantages économiques.

L'ouvrier doit se prémunir avec soin contre
les déclamations des chefs de ces mille
sociétés aux dénominations fantaisistes qui,
le plus souvent, ne sont que des pièges
de police et des malandrinages politiques.
« Guerre au capital », lui dit-on de toutes
parts. Le moyen le plus pratique de faire la
guerre au capital, — si tant est qu'il soit nécessaire de la faire, — c'est la guerre légale,

loyale, la concurrence. J'ai cité l'opinion de
M. Goschen sur ce point; elle est à méditer,
bien plus que les utopies qui ont cours de ce
côté-ci de la Manche. « L'épargne a pris une
« autre direction; on l'a consacrée aux af-
« faires. Il n'y a pas lieu de le regretter. Il en
« est résulté une circulation plus active du
« capital et une augmentation du nombre des
« intéressés aux entreprises industrielles.
« Grâce aux sociétés de secours mutuels, des
« millions d'ouvriers sont devenus capitalistes
« en participation et l'organisation coopéra-
« tive les a fait patrons industriels. » Et l'illustre homme d'Etat anglais disait cela, en
pleine Chambre de commerce de Manchester,
à des millionnaires qui applaudissaient!

L'Allemagne nous a donné l'exemple et la
preuve de cette fécondité de l'association et
de son influence sur la prospérité nationale,
par la création, sur tous les points de son

vaste territoire, de caisses d'épargne corporatives, de caisses de retraites mutuelles, d'assurances ouvrières contre les accidents et la maladie, de banques populaires de prêt et de crédit qui donnent, aux ouvriers les moyens de se procurer à bon marché, les vêtements, les combustibles, la nourriture, le logement; aux patrons les capitaux pour renouveler les matériels d'ateliers et d'usines. En France, nous n'avons rien de tout cela, et l'épargne s'en va dans les caisses de l'Etat, au lieu d'alimenter comme en Angleterre et en Allemagne le commerce et l'industrie qui se plaignent de manquer des capitaux nécessaires à leur développement.

L'égoïsme, dans toute l'acception philosophique, sociale et morale du terme, nous menace en France, égoïsme du patron, égoïsme de l'ouvrier, égoïsme de l'individu; substituons-lui la solidarité et l'association, les deux principes les plus féconds et les plus grandioses de la société humaine.

La crise actuelle, tout le prouve, est autant morale et sociale qu'économique.

Nous en avons donc la solution en nous autant qu'elle est dans l'Etat ; dans la réforme de nos mœurs, de nos idées, dans la discipline morale, sévère, qui seule peut faire les nations saines, vigoureuses, non moins que dans les réformes administratives et fiscales, dans le progrès économique et industriel qui les rend riches et puissantes.

Ayons la volonté énergique, violente, de mettre fin à la crise, en réalisant toutes ces réformes, et la crise sera finie.

FIN

TABLE DES MATIÈRES

CHAPITRE PREMIER

LA CRISE EN FRANCE, SES CAUSES ÉCONOMIQUES ET SOCIALES

CHAPITRE II

CHAPITRE III

CHAPITRE IV

CHAPITRE V

CHAPITRE VI

ANGLETERRE

CHAPITRE VII

ALLEMAGNE

CHAPITRE VIII

AUTRICHE

CHAPITRE IX

HONGRIE

CHAPITRE X

RUSSIE

CHAPITRE XI

ITALIE

CHAPITRE XII

IMPRIMERIE É. COLIN, A SAINT-GERMAIN.

www.ingramcontent.com/pod-product-compliance
Lightning Source LLC
LaVergne TN
LVHW021939030726
842523LV00001B/204